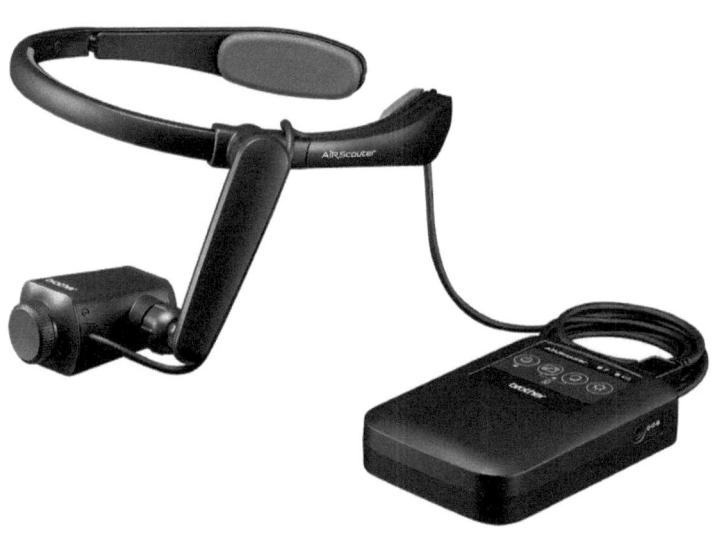

Interfacing
New Realities

Wie uns Augmented Reality durch die digitale Welt lotst

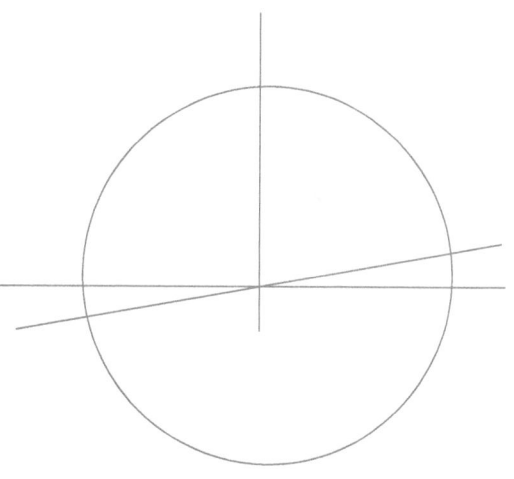

Alexander von Merzljak

Impressum

ISBN 9783740748357

1. Auflage

TWENTYSIX – der Self-Publishing-Verlag
Eine Kooperation zwischen der Verlagsgruppe Random House und
BoD – Books on Demand

Herstellung und Verlag:
BoD – Books on Demand, Norderstedt

© 2018 Alexander von Merzljak

Das Werk einschließlich aller Inhalte ist urheberrechtlich geschützt. Änderungen, Irrtümer und Druckfehler vorbehalten. Die genannten Namen und Produktbezeichnungen sind Warenzeichen der Hersteller.

Bildquellen: Brother International GmbH, Alexander von Merzljak

Gestaltung: FLEET-ART Hamburg

Gesamtherstellung: FLEET-ART Hamburg

Alexander von Merzljak

begleitet die Computerbranche seit über zwanzig Jahren als Autor und auf Unternehmensseite. Er sagt, dass „Augmented Reality" ein Eckpfeiler für die vierte industrielle Revolution, die digitale Transformation der Wirtschaft, sein wird. In seinem neuen Buch stellt er Anwendungsmöglichkeiten für smarte Brillen vor, die neue Chancen für den deutschen Mittelstand eröffnen.

Danksagung

Ich möchte der Brother International GmbH meinen großen Dank aussprechen, die dieses Buchprojekt durch ihre Unterstützung und organisatorische Hilfe, wie die Bereitstellung des Bildmaterials, möglich gemacht hat.

Ganz besonderer Dank gilt Herrn Theo Reinerth, der mit seinem großen Elan und seiner Begeisterung für das Thema „Augmented Reality" diesem Projekt Schub verlieh und es kontinuierlich befeuerte.

Ebenfalls danke ich Herrn Lars Blanz, der mir als AR-Produktmanager bei Brother den AR-Markt in vielen Bereichen näher gebracht hat.

Außerdem möchte ich mich besonders bei Herrn Oliver Jendro bedanken, der mich mit seiner Kompetenz und seiner hohen Sachkenntnis im Bereich „Virtual Reality"-Spiele sowohl mit seinem Beitrag, als auch durch seine Inspiration unterstützte.

Mein Dank geht auch an meine Frau Barbara v. Merzljak, die mich als kongeniale „Gegenspielerin" mit hartnäckiger Geduld und stilistischem Gespür immer wieder vorantrieb, sodass ich bei dem vielen „Tracking" das „Tracing" nicht verlor/verlieren konnte.

Inhalt

1 Neue Realitäten — 13
    Monster`s Ball — 13
    Nur ein kleiner Vorgeschmack — 14
    Die Datenbrille sichert den Erfolg auch zukünftig ab — 15

2 Ich bin drin: Immersion — 17
    Mixed Reality ist Holo — 17
    AR: Wenn Wirklichkeit mehr als real wird — 19
    Doctor AR-House hilft weltweit — 20

3 Der nächste Schritt — 21
    Geschwindigkeit ist alles — 21
    Gut Ding will Weile haben — 23
    Oft ist weniger mehr — 24

4 Guter Service zahlt sich aus — 25
    Chance und Risiken für Beratung — 25

5 Virtual Reality — 26
    Ich sehe was, was Du nicht siehst und das ist... — 26
    Hundert Cent oder ein Euro — 29

6 AR ist immer generell, denn sonst passt es auch nicht virtuell — 31
    Kosten sparen in der Industrie — 31
    All under Control — 32
    Das passt gut — 33
    Life counts — 34

7 Basistechnologien für AR und VR — 36
    Batterien — 36
    Always „On"? — 37
    Disruptive Technologien erwartet — 37
    Die Fühler ausstrecken — 38
    Weniger ist mehr Durchblick — 39

Die Kraft aus der Cloud	40
8 Tracking und Tracing	**43**
Folgen auf Schritt und Tritt	43
Bis das Pferd galoppiert	45
9 Industrie nicht nur 4.0, sondern ganz	**47**
viel IoT	47
Niemals mehr: „Solange sie nur schwarz ist," (Automobilindustrie)	47
Je kommunikativer desto smarter	49
Produktevolution im Zeitraffer	50
10 Security by Design	**52**
Security Step by Step	54
AR als IoT Anwendung	56
11 Ausgewählte Anwendungsgebiete für AR und VR in Industrie und Gewerbe	**57**
AR/VR Couture, die wirklich H(au)ot ist	57
Doctor How	60
Big Doc is watching you	62
AR für First Responder	64
Die Phantome bekämpfen	64
Logistik: Ist auf dem richtigen Weg...	66
AR: Das kommt an...	67
AR schafft Überblick	68
AR – Das große Ding (Marketing)	69
Das passt	71
Ich schau Dir in die Augen (Event)	71
Mitten drin statt nur dabei	72
Das beste Angebot	73
Auf AR/VR können Sie bauen	75
12 Virtuelle Realität im Massenmarkt	**79**
Erfolg von VR im Unterhaltungsbereich noch nicht absehbar	79

Gaming und VR – Parallelen zum Spielekonsolen-Markt	80
Sony als VR Pionier im Konsolenmarkt, Microsoft setzt auf Windows 10	81
Oculus VR setzt auf Exklusivität, OpenVR und auf Offenheit	81
Günstige VR-Brillen dank Smartphone	83
Preisbrecher Microsoft mit Mixed Reality	83
Cloud Services für komplexe VR-Welten	84
VR ohne viel Rechenaufwand 360°-Video und immersive Fotos	84
Die Zukunft von VR und Massenmarkt – eine Prognose	88
Fazit und Technologie-Ausblick	89
Aufmerksamkeit ist Höflichkeit und Achtsamkeit	91
13 Wie AR unser Leben beeinflußen wird	**93**
Der Polier als Pilot	94
Überblick und Weitblick	94
Moral zeigen	95
Interviews und Anhang	**99**
Interview mit Prof. Dr. Engelbert Westkämper, (ehemaliger Leiter des Fraunhofer Instituts für Produktionstechnik und Automatisierung (IPA)	99
Interview mit Stefan Rojacher, Pressesprecher bei Kaspersky	103
Interview mit Dr. Ulrich Bockholt (UB), Abteilungsleiter „Virtuelle und Erweiterte Realität" beim Fraunhofer Institut für Graphische Datenverarbeitung (IGD)	108
Interview mit Martin Ciupek, VDI Nachrichten zu AR/VR SmartGlasses für das SmartWorker Booklet: „Augmented and Virtual Reality"	114
Interview mit Michael Zawrel, Product Manager HoloLens & Devices	119
Interview mit Oliver Beisel, Managing Director bei frog design, Jens Hofmeister, Executive Director of Business Development Strategic und Matteo Penzo, Executive Director Technology	123
Interview mit Lars Blanz (LB), Brother Produktverantwortlicher Airscouter HMD	130
Abkürzungen	**132**

1 Neue Realitäten

Augmented und Virtual Reality (AR und VR) im Sommer 2016: Innerhalb von nur ein paar Monaten wurde aus einer spannenden Zukunftsstory ein absolutes Hypethema. Niemand hatte eine solche Entwicklung vorausgesehen. Zwar hatten Markt-Auguren über die Jahre hinweg immer wieder den Durchbruch beider Technologien für die nahe Zukunft prophezeit, aber dann ebenso häufig diesen Termin auf die nächsten Jahre verschoben.

Doch es kam anders. Zum einen löste Pokémon Go im Juli 2016 einen wahren AR-Boom aus, zum anderen entführte die Automobilindustrie ihre Kunden in abenteuerliche Erlebniswelten mit völlig neuen „er-Fahrungen". Dies waren schwerwiegende Symptome einer dann in Kürze ausbrechenden „Epidemie". Sie wird immer mehr Bereiche unserer Gesellschaft durchdringen, unseren Alltag beeinflussen und vor allem viele neue Industrie-Prozesse anstoßen. Das Potential von AR und VR ist so wirkmächtig und ansteckend, dass sich Wirtschaft, Wissenschaft, Kunst und Kultur und das gesamte zivile Leben diesem bestimmenden Einfluss wohl kaum durch eine einfache Impfung werden entziehen können. Denn neben ihren Sensationen, ihren Marketing- und Sales-Aspekten und ihren verheißungsvollen Entertainmenteigenschaften sind AR und VR wichtige Faktoren bei der digitalen Transformation unserer Wirtschaftssysteme, die zur vierten industriellen Revolution führen werden: Der Industrie 4.0!

Die Bedeutung von AR und VR für diesen umfassenden Wandel in Industrie, Handel, Wirtschaft und Logistik ist kaum hoch genug einzuschätzen. Schließlich arbeiten an vielen Standorten in der ganzen Welt Forschungseinrichtungen und die Hightech-Industrie schon seit Jahrzehnten intensiv an AR und VR. Insbesondere Deutschland kommt hier eine führende Rolle zu. Denn mit den Fraunhofer Instituten wird hier in Kooperation mit verschiedenen Industrie-Unternehmen in vielen Bereichen intensiv geforscht und entwickelt.

Monster`s Ball

Binnen kurzer Zeit wandelte sich AR/VR durch den Pokémon Go-Effekt von einem Experten- zu einem absoluten Hypethema. Plötzlich füllte es die Titelseiten von Zeitungen und Magazinen. Kein Wunder, dass die CeBIT AR und VR zum Leitmotiv für ihre Messe in 2017 machte.

Für die Meisten beschränkten sich bisher die Kenntnisse und Erfahrungen über AR auf ergänzende Inhalte, die ihnen bei Sport- und manchmal auch Polit- Ereignissen im Fernsehen zur Verfügung gestellt wurden. Den Zuschauern war oftmals gar nicht klar, dass es sich bei den Übertragungen im Fernsehen um eine AR-Erfahrung handelte. Denn viele hatten sich über Jahre hinweg an die zusätzlichen informativen Inhalte so sehr gewöhnt, dass sie ihnen als selbstverständliche Beiträge vorkamen. Natürlich erleichterten diese Grafiken und Animationen das bessere Verständnis komplexer Zusammenhänge, aber im Vergleich zu den schon jetzt verfügbaren AR- und VR-Techniken waren dies erste tapsige Schritte einer sich rasch entwickelnden Technologie.

Nur ein kleiner Vorgeschmack

Im Frühsommer 2016 launchte Nintendo sein Online Spiel Pokémon Go. Sein Erfolg war überwältigend. Bis heute ist dieser Kampf der Monster der erfolgreichste Start eines Online-Games überhaupt. Der Einfluss auf die weitere Entwicklung von AR und VR ist unübersehbar. Pokémon Go wurde überall gespielt: Während der Arbeitszeit, in der Schule, an Universitäten und in der Freizeit sowieso. Pokémon Go war im Sommer 2016 „hot" und wurde für einige Monate die erfolgreichste Augmented Reality (AR) Anwendung weltweit. Begeisterte Spieler erlebten sich in diesem Spiel als Teil einer grenzenlosen Bewegung, die ihre Spieler auf die Straßen lockte und sich nicht mehr auf Konsolen und PCs in den eigenen vier Wänden beschränkte. Das Spiel trieb seine Monsterjäger auf die Straße, durch das ganze Land. Denn an realen Orten, in jeder Straße, auf jeder Kreuzung und in Wald und Wiesen lauerten Monster, die gefangen und dressiert werden mussten.

Was das Spiel so faszinierend macht, ist, dass es an realen Schauplätzen gespielt wird. Die Ortsdaten und Bilder dazu werden von Nintendo selbst geliefert und mit einer digitalen Pokemon Erlebniswelt überlagert. Treffen Pokémon Spieler aufeinander, lassen sie ihre nun dressierte Beute in virtuellen Arenen gegeneinander kämpfen. Die Suche nach Gegnern oder die Jagd auf Monster nahm im Sommer 2016 enorme Ausmaße und die Form einer Sucht an. Sie war teilweise so groß, dass sie sogar Stadtverwaltungen beschäftigte und ihren Bauämtern Kopfzerbrechen bereitete.

In Düsseldorf hatten mehrere Pokémons durch einen Pokestop auf der Girardet-Brücke[1] an der „Kö" ihr Zuhause gefunden. Das machte sie zu einem wahren Spieler-Pilgerort. Düsseldorfs Stadtverwaltung überlegte, ob sie die Brücke aus Sicherheitsgründen sperren sollte – die Belastungsgrenze ihrer Tragfähigkeit schien erreicht. Das Ausmaß, mit der Pokémon-Fans Anwohner und Geschäftsleute mit ihrer Daddelei belästigten, schien alle Dimensionen zu sprengen. Man entschloss sich in einem ersten Schritt zu einer Duldung. Gleichzeitig sahen clevere Unternehmer in einigen angrenzenden Geschäften in den Menschenmassen allerdings eine Marketing-Chance und versorgten die spielverrückte Menge mit Snacks und Getränken.

Da der Run auf den Pokestop nicht abnahm, sah sich Düsseldorfs Oberbürgermeister in einer zweiten Entscheidung auf Grund des Ansturms auf die Brücke genötigt, mit Niantic, dem Hersteller von Pokémon Go, zu verhandeln. Sein Ziel war es, die US Firma zu bewegen,

---

1 Rheinische Post 8. August 2016: http://www.rp-online.de/nrw/staedte/duesseldorf/pokemon-go-spieler-parken-girardet-bruecke-in-duesseldorf-zu-aid-1.6169141

einen echten „Pokestop" aller Pokémons oder ihre teilweise Reduktion[2] zu erreichen. Denn einfache städtische Verbote reichten einfach nicht aus[3]: In ihrer Spielbegeisterung ließen sich die Spieler nicht abhalten, die Brücke in großen Scharen zu besuchen. Nach fast anderthalb Monaten schaltete der amerikanische Hersteller schließlich zwei seiner vier Pokestops ab: Das machte die Girardet Brücke endlich langweilig[4].

Der Erfolg von Pokémon Go bezieht sich zwar nur auf ein Spiel, aber zeigt schon jetzt, was sich in unserer Lebenswelt durch die neuen Technologien Augmented Reality (AR) und Virtual Reality (VR) ändern wird. Aktuell findet dieser Gamingspaß jedoch nur auf dem Display des Smartphones statt. Für die Wahrnehmung einer durch Informationen „angereicherten Realität" sind aber Computergesteuerte Werkzeuge notwendig, die unmittelbar und teilweise massiv auf unsere Sinne einwirken.

Die Datenbrille sichert den Erfolg auch zukünftig ab

Es ist daher nicht erstaunlich, wenn Hersteller wie Brother, Microsoft, Google, Epson, Samsung, HTC, Oculus Rift und andere ihre Geschäftsfelder erweitern oder ihr bestehendes Smartphone-Geschäft absichern möchten. Sie bringen Headsets auf den Markt, die die Erfolgsgeschichte ihrer Produkte auch in der Zukunft weiterschreiben sollen. Intelligente Brillen von Google, Epson, Fujitsu, Avegant Glyph und auch von Microsoft bedienen noch einen kleinen Markt. Meistens werden sie in ambitionierten Industrieprojekten eingesetzt. Hier sind es Anwendungen in der Produktion, beim Design, Service und Support sowie in der Logistik. Sie steigern durch Kollaboration die Produktivität, die Effizienz und vermindern gerade in der Produktion den Ausschuss deutlich. Was ihnen fehlt, ist die Anbindung an die große Welt des World Wide Web. Sie sind daher fast ausschließlich proprietäre AR-Lösungen einzelner Firmen. „Erst wenn die wahrgenommenen Gegenstände mit anderen verlinkt sein werden, also wenn wir von einem echten "Hyperlinking" sprechen können, wird sich Augmented Reality auf breiter Bahn durchsetzen", vermutete ein Teilnehmer auf der Digility Konferenz 2016 in Köln beim Mittagessen.

VR ist hingegen in seiner Entwicklung schon weiter. Mittlerweile finden sich VR-Headsets bereits im Massenmarkt, sei es als „CardBox" aus Pappe von Google, in welche ein

---

[2] Rheinische Post 24.8.2016: Die Stadt bittet Niantic den Pokestop teilweise einzustellen: http://www.rp-online.de/nrw/staedte/duesseldorf/girardet-bruecke-in-duesseldorf-heute-heisst-es-pokemon-go-home-aid-1.6209891

[3] Rheinische Post 31.08.2016: Düsseldorf hat einen Spielerstopp für Pokemon Go verhängt, an das sich aber die Spieler nicht halten: http://www.rp-online.de/nrw/staedte/duesseldorf/pokemon-go-auf-girardet-bruecke-in-duesseldorf-baenke-wieder-da-aid-1.6226543

[4] Stadt Düsseldorf 14.09.2016: https://www.duesseldorf.de/aktuelles/news/detailansicht/newsdetail/girardet-bruecke-zwei-pokestops-abgeschaltet-1.html

Smartphone eingeklemmt wird, oder als vollwertiges Headset. Beide Varianten ermöglichen auf verschiedenen technischen Niveaus den teilweisen Einstieg oder das vollständige Eintauchen in virtuelle Welten.

Augmented Reality mit dem SmartPhone: eingeblendete Zusatzinformationen zu einem Bauwerk in der Sprechblase

2 Ich bin drin: Immersion

Die preisliche Bandbreite von AR/VR Lösungen mit einer Datenbrille reicht von wenigen bis mehreren tausend Euro. Die Lösungen unterscheiden sich nur darin, wieviel Sinne und auf welche Weise sie sie ansprechen. Teure und hochwertige Systeme sind in sich vollständig abgeschlossen. Ihr Nutzer ist dann komplett durch VR-Brille oder Headset und Kopfhörer sowohl optisch wie auch akustisch von der realen Welt abgetrennt. Dann spricht man von „Immersion". Hier werden die Sinnesorgane mit virtuellen Reizen förmlich überflutet. Dabei taucht der Nutzer buchstäblich in eine andere Welt ein. Die Spielhandlung erlebt er nicht mehr nur als Zuschauer, sondern als agierender Teilnehmer. Audi bietet seinen Kunden mit dem R8 zum Beispiel virtuelle Erlebnisse an exotischen Orten, selbst auf dem Mond[5].

Selbstverständlich kann man mit VR seinen künftigen Wagen konfigurieren und schon einmal virtuell in ihm Platz nehmen. Und nicht nur das. Die Präzision virtueller Technik lässt selbst einen „blinden" Rennfahrer in einem Sportwagen mit einer aberwitzigen Geschwindigkeit auf einer echten Rennstrecke durch eine virtuelle Traumwelt rasen. Das zeigt das „Castrol Edge" Video[6].

Obwohl der Fahrer im Castrol Edge Video durch seinen Helm nichts von der realen Welt sieht und hört, steuert er sein Auto mit Geschick, hohem Tempo in voller Drift durch einen Parcours in einer fantastischen virtuellen Welt. Die Immersion ist so perfekt, weil die Bedingungen der realen Rennpiste und das optische, akustische, haptische und virtuelle Feedback des Rennwagens hundertprozentig mit der realen Rennpiste übereinstimmen. Wichtig ist hierbei, dass das Fahrerlebnis in der virtuellen Welt sowohl den Gesetzen der Physik als auch der Lebens- und vor allem der Fahr-Erfahrung des Nutzers entspricht. Damit grenzt die Virtual unmittelbar an die Augmented Reality. Wo aber genau diese Grenze liegt, hängt im Wesentlichen von der Technologie und vom Stand der Technik ab. Hier sind die Übergänge zwischen real und virtuell fließend.

Mixed Reality ist Holo

Die HoloLens von Microsoft[7] setzt auf ein Head Mounted Display (HMD), eine erweiterte Form einer Datenbrille oder eines Smartglasses, wie sie von den meisten AR- und VR-Produzenten

---

5   Von der Audi Presse-Seite: www.audi-mediacenter.com/de/techday-connectivity-6597/virtual-reality-6603

6   Castrol Edge zeigt hier eine virtuelle Auto Racingfahrt eines Rennfahrers durch eine virtuelle Landschaft. Der Fahrer fährt aber einen richtigen Rennwagen und sieht seine Umgebung nur durch ein Oculus Rift Headset: https://www.youtube.com/watch?v=CQp9VNTxFV4

7   HoloLens von Microsoft: https://www.microsoft.com/microsoft-HoloLens/en-us/why-HoloLens

eingesetzt werden. Der Funktionsumfang der HoloLens reicht von AR bis zu VR. Microsoft spricht deshalb von einer Mixed Reality (MR). Am 12. Oktober 2016 hat der Konzern aus Redmond die HoloLens offiziell zum Verkauf für Jedermann freigegeben. Parallel zum Verkaufsstart seiner Datenbrille plant der Konzern sein eigenes AR/VR Betriebssystem „Holographic" im Rahmen des großen Windows 10 Creator`s Updates freizugeben. Darüber hinaus stellt Microsoft Entwicklern ein „Software Development Kit" (SDK) zu Verfügung, um für sie und durch sie eine lukrative Software-Plattform zu schaffen. Normale Windows 10 User könnten dann neben der HoloLens auch andere Devices nutzen und auf attraktive MR Games und Lösungen zugreifen. „Mit der Microsoft HoloLens befinden wir uns am Anfang einer langen Reise und wenden uns im ersten Schritt primär an Entwickler und kommerzielle Endkunden. Die Microsoft HoloLens ist aber nur ein Teilaspekt unserer Windows Holographic-Strategie. Indem wir die Windows Holographic Plattform in unser Betriebssystems integrieren (wie es scheint ist erst jetzt – je nach Leistungsgrad des jeweiligen Rechners – das vollständige Creators Update verfügbar) ermöglichen wir es allen Windows 10 Nutzern mit entsprechenden Headsets, Mixed Reality zu erleben", bestätigt Michael Zawrel, Product Manager HoloLens and Devices bei der Microsoft Deutschland GmbH[8].

Zwar ist der Preis für ein HoloLens-Equipment noch ziemlich hoch, dennoch kann davon ausgegangen werden, dass mit dieser Einführung wohlmöglich ein Standard gesetzt wird.

Augmented Reality Airscouter

8   Siehe Interview mit Michael Zawrel in diesem Buch.

AR: Wenn Wirklichkeit mehr als real wird

Mit Augmented Reality bezeichnet man den Informationsgewinn, den reale Gegenstände durch eine Bedeutungs- oder Wissenserweiterung erfahren. In der Regel geschieht dies heute computergestützt. Aber schon zu Beginn der 90er Jahre des vergangenen Jahrhunderts konnten Fernsehzuschauer eine einfache Form von AR durch virtuelle Elemente bei Sportübertragungen im TV genießen. Bei Freistößen vermittelte die Einblendungen einer einfachen Linie die Entfernung des Balls zum Tor. Ein simpler Strich von Seitenaus zu Seitenaus stellte eine Abseitsstellung richtig.

Andere Anwendungen waren nur wenigen Industriebereichen oder dem militärischen Einsatz vorbehalten. So gehören hier sicherlich die ersten Over-Head-Einblendungen in das Cockpit der Militär-Jets dazu. Die Vorteile liegen im schnelleren Erfassen relevanter Daten im Blickfeld des Piloten. Er brauchte seinen Kopf nicht mehr in Richtung der seitlichen Instrumente zu bewegen. Daten aus diesem Bereich wurden und werden ihm direkt auf seine Frontscheibe projiziert. Dies bedeutet eine bessere Kontrolle und mehr Sicherheit für das Flugzeug und seinen Piloten.

Trotz dieser offensichtlichen Vorteile bieten Autohersteller serienmäßig erst seit wenigen Jahren ähnliche Technologien für Modelle der Luxusklasse an. Obwohl die Anforderungen an die Konzentration und Aufmerksamkeit für einen Autofahrer deutlich unter denen eines Piloten liegen, ist oder wäre der Sicherheitsgewinn beim Fahren enorm. Microsoft sieht auch hier ein großes Potential für seine Automotive Lösungen. Auf der CES 2017 in Las Vegas präsentierte der Software-Hersteller erstmalig seine Azure Erweiterung: Die „Connected Vehicle Platform". Mittels übergreifender PKW- und LKW-Vernetzung sowie der Verarbeitung von Sensor- und Nutzer-Daten erweitert Microsoft damit den Sicherheitsumfang und die Komfortleistungen für private Autobesitzer und professionelle Kraftfahrer[9].

Dennoch, dieses Beispiel zeigt – trotz des Einstiegs des Software-Giganten aus Redmond – dass AR im Gegensatz zu ihrer Schwester VR längere Zeit gebraucht hat, um einen Weg in unser Leben zu finden. VR entführt seine Nutzer in eine simulierte Welt, in der von seinen Entwicklern alle Daten, Parameter und Erlebnisumstände geschaffen werden. Im Gegensatz dazu setzt die „Erweiterte Realität" auf die wirkliche Umgebung, die dank Technologie durch Informationen angereichert wird.

---

9   Microsoft Newsdesk: Microsoft Connected Vehicle Platform unterstützt Autohersteller bei der Entwicklung sicherer, persönlicher und autonomer Fahrerlebnisse
Read more at https://news.microsoft.com/de-de/microsoft-connected-vehicle-platform/#gd4m1vbkB1jpR-BUZ.99 https://news.microsoft.com/de-de/microsoft-connected-vehicle-platform/#sm.00000cxx3jgi7wcst-pf2n78336y79#PxU2pegMXHG1cTd5.97

Die Beispiele aus den Jets oder den Edelkarossen machen dies deutlich: Beide haben ein genau definiertes Umfeld. Es ist jeweils das Cockpit oder das Armaturenbrett. Alle Instrumente sind an festgelegten Positionen. Hebel und Schalter sind genau fixiert. Die AR-Erweiterung blendet dem Autofahrer genau die Informationen in die Frontscheibe ein, die er benötigt – ohne dass er den Kopf bewegen muss. In Kürze wird „connected" oder „assisted Driving" wie es nun mit der „Connected Vehicle Platform" von Microsoft angekündigt wurde, das autonome Fahren sicherer machen. Gekoppelt mit einer Sprachsteuerung à la Cortana, Apple`s Siri Google Now oder vielleicht sogar durch Alexa von Amazon wird dem Autofahrer das Fahren erleichtert und es hilft ihm, sich besser auf die Straße zu konzentrieren. AR eignete sich deshalb für Umgebungen mit gleichen Instrumenten, Arbeitsabläufen und Umgebungen.

Für die Telemedizin ist AR schon länger ein verlässliches Medium, da es über eine Videoleitung grenzüberschreitende Unterstützung bei komplizierten Operationen gestattet. Denn auch hier gleichen oder ähneln sich die Örtlichkeiten – bedingt durch die Arbeitsprozesse. Der Chirurg ist während der Operation über eine Teleleitung direkt mit einem an einem anderen Ort teilnehmenden Spezialisten verbunden, der den Operateur mit seiner Expertise unterstützt. Der Kamera-Einsatz aus verschiedenen Winkeln ermöglicht es dem Fern-Operateur, sich einen genauen Überblick über die Operations-Situation und ihren -Verlauf zu verschaffen. Mit der Telemedizin kann er „Remote" beinahe direkt teilnehmen. In einem noch größeren Maßstab können Studenten via Online-Schaltung diesem Spezialisten bei seinen Operationen quasi direkt über die Schulter schauen und unmittelbar von seiner Erfahrung profitieren.

Doctor AR-House hilft weltweit

Schon halten Medizin-Roboter Einzug ins OP, die mit ihrer größeren Präzision selbst Koryphäen zu einem exakteren Schnitt verhelfen. Dazu überlagern sie bei der Bildübertragung die Daten der Operation mit Röntgenbildern und mit Daten des Patienten-Monitoring. Computer Aided Surgery (CAS) wird die Qualität und Sicherheit nicht nur bei großen chirurgischen Eingriffen verbessern. Mit operationsvorbereitenden Simulationen kann sich der Arzt auf komplizierte Eingriffe vorbereiten und mögliche Risiken vermeiden. Angehende Mediziner vertiefen ihre medizinischen Kenntnisse durch virtuelle Operations-Aufzeichnungen, unblutig und für ihre „Patienten" völlig risikolos. Für Diagnosen brauchen Patienten nicht mehr den Doktor in der Stadt aufzusuchen. Die AR-Datenbrille einer Krankenschwester auf dem Land zum Beispiel überträgt die Krankendaten zum Spezialisten in der Stadt. Ein Modell, das die medizinische Grundversorgung in ländlichen Randbezirken oder in der dritten Welt sicherstellen wird. Dem Landarzt oder einfach einer Krankenschwester steht schließlich die Kompetenz eines „Doctor House" und sein Expertenwissen durch innovative AR-Telemedizin weltweit und jederzeit zur Verfügung.

3 Der nächste Schritt

Soll jedoch der Informationsgehalt des realen Lebens mit virtuellen Daten erweitert werden, dann muss neben hochentwickelter Hardware ein noch besseres Datennetz zur Verfügung stehen. Denn zunächst muss die reale Umgebung wirklichkeitsgetreu in Echtzeit abgebildet und verarbeitet werden. Dies konnte und kann nur mittels eines örtlichen WLANS oder eines leistungsfähigen mobilen Internets ermöglicht werden. Dazu kommt, dass für die genaue Positionierung und Verortung entweder ein unbehinderter GPS Empfang oder in Räumen eine Lokalisierung durch ein drahtloses Netzwerk notwendig ist. Selbst in Großstädten können Hochhäuser den Empfang von GPS Laufdaten beeinträchtigen, sodass eine Positionsbestimmung erschwert oder ganz verhindert wird.

Außerdem sagt eine relativ genaue Position noch nichts über die Ausrichtung oder über die Größe zum Beispiel einer Person aus. Dafür muss das AR Device über mehrere Sensoren verfügen. Neben dem erwähnten GPS Empfänger sind es Magnetometer, Gyroskope, Lage- und Bewegungssensoren.

Geschwindigkeit ist alles

Mit „Long Term Evolution" (LTE) werden im Augenblick die ersten technischen Voraussetzungen für ein schnelles und mobiles Internet geschaffen. Für die Verarbeitung und Anreicherung der Daten sind rechenstarke Server oder ein zugeschaltetes Expertenteam verantwortlich, das dann mit seiner Expertise behilflich ist. Was auf den ersten Blick als einfacher „Up und Download" erscheint, ist ein höchstkomplexer Vorgang. Schließlich führt jede Veränderung des Lichts, der Gegenstände, der Position und natürlich des Ortes zu einer Berechnung und Neu-Bewertung der angereicherten Wirklichkeit.

Durch SmartGlasses, den Datenbrillen, wird der Rechenaufwand noch einmal erheblich gesteigert. Die ständige Bewegung ihrer Träger verändert nicht nur deren Position, sondern auch ihre Perspektiven wie auch den Lichteinfall usw. Um AR in der Wirklichkeit zu integrieren, ist es erforderlich, dass SmartGlasses die Verhältnisse zwischen realen Gegenständen und virtuellen Objekten exakt angleichen. Jede Veränderung führt zu einer Neu-Berechnung. Außerdem muss genau ermittelt oder im Computer-Deutsch „getrackt" werden, was der Nutzer der Datenbrille gerade anschaut und fixiert. Sonst würde es ihm vor lauter Informationen sehr schnell buchstäblich schwarz vor Augen werden.

Auch hier hat eine externe Nutzerführung „Remote" im Hintergrund natürlich Vorteile, denn ein Experte oder ein Expertensystem führt den Nutzer im Hintergrund durch eine Anwendung, die beispielsweise eine Wartung sein kann, die einen Mitarbeiter bei der Produktion oder einen Arzt bei der Operation unterstützt. Dieses auch „Video See Through AR"[10] genannte Verfahren hat den Vorteil, dass es deutlich leichter in bestehende Abläufe integriert werden kann und zudem wird es möglicherweise deutlich sicherer sein[11] als es ein SmartGlass mit eingebauter PC Infrastruktur ist. Video See Through Devices nehmen mit einer kleinen Videokamera den Gegenstand oder das Geschehen unmittelbar auf und leiten es über Funk an den Spezialisten weiter. Eine solche Lösung könnte auch mittels „Marker" von einem Expertensystem gesteuert werden. Aus diesem Grund finden sich schon viele Einsatzmöglichkeiten in der Industrie, aber auch im Kulturbereich[12].

Ein aktives Tracking ist hingegen Basis für SmartGlasses wie von Google Glass, Microsoft HoloLens Epson Moverio BT 300, Fujitsu und Avegant Glyph. Sie messen die Pupillenbewegung und somit den Gegenstand oder Bildteil der Brille, auf den sich die Aufmerksamkeit des Nutzers richtet[13]. Fujitsu und Avegant Glyph gehen noch einen Schritt weiter: Sie projizieren die SmartGlass-Informationen direkt auf die Netzhaut ihres Trägers.

Dabei werden zwei unterschiedliche AR-Ansätze verfolgt. Wird diese mit SmartGlasses erfasste Umgebung mit zusätzlichen Inhalten angereichert, müssen sich diese ebenfalls den sich ständig ändernden Bedingungen dynamisch anpassen[14]. Außerdem sind sie oder werden sie mit Sensoren, Headsets und zuletzt Software ausgestattet, die für Content und auch Gestensteuerung sorgt, ein enormer technologischer und infrastruktureller Aufwand. Und dieser kann daher erst mit den besten Computer- und Bild-Prozessoren, Bildgebungsverfahren und Displays der neuesten Generation realisiert werden. Gerade im Bereich der Displays bahnen sich ganz aufregende Entwicklungen an. Neben den üblichen Marktgaranten der IT,

---

10 Ralf Dörner, Wolfgang Broll, Paul Grimm, Bernhard Jung (Hrsg.): Virtual und Augmented Reality (VR/AR) S. 248 eXamen Press (Springer Vieweg – Berlin Heidelberg 2013)

11 Siehe Interview mit Dr. Ulrich Bockholt vom IGD Fraunhofer in Darmstadt. „…Dazu gehört ebenfalls, dass ich diese Daten nicht auf der Brille oder einem anderen Device vorhalte oder sogar dort speichere. Die Daten, das gesamte Firmen Know How und alle unternehmenskritischen Informationen müssen separat auf sicheren Servern des Unternehmens gehalten und auch dort verarbeitet werden. Ein sicheres AR System ist dann nur noch das Display eines AR-Webbrowsers, also nicht mehr als ein reines Anzeigegerät, das allenfalls mit einem minimalistischen Interface für die Darstellung der Informationen nutzbar ist".

12 In der Vergangenheit gab es einige Projekte in Museen, die auf Marker zurückgriffen. Hier finden sich einige ältere Beispiele. http://culture-to-go.com/mediathek/augmented-reality-im-museum/

13 Das Cleveland Museum of Art zeigt in einem wegweisenden pädagogischen Konzept wir mittels AR und auch in Kooperation mit Microsoft Mixed Realtity Kinder (und auch Erwachsene) an moderne Kunst herangeführt werden: https://futurism.com/videos/the-cleveland-museum-of-art-jumps-into-augmented-reality/

14 Ralf Dörner; Wolfgang Broll; Paul Grimm, Bernhard Jung: Virtual und Augmented Reality (VR/AR): Grundlagen und Methoden der Virtuellen und Augmentierten Realität; Springer Verlag Berlin Heidelberg 2013 S. 241ff

schneller und besser, um die Bilder herkömmlich in die Brille zu spiegeln oder auf das Display zu bringen, gehen einige Hersteller neue Wege. Sie wollen die Bilddaten direkt auf die Netzhaut projizieren[15].

Eines fehlt überdies in diesem Grundkonzept. Es gibt noch keinen Standard für eine einheitliche AR-Plattform, wie sie sich unabhängige Experten wünschen. Weiter gefasst bedeutet das, dass für den vollständigen Durchbruch der Technologie ein umfassendes „digital eco-system" notwendig ist, wie man es von Smartphones kennt. Denn sie greifen auf eine ausgereifte Kommunikations-Infrastruktur zurück, die von den Mobilfunk-Providern zur Verfügung gestellt wird. Sie gewährleistet, dass sich Besitzer eines Smartphones jederzeit mit Informationen, mit Bildungs- und Unterhaltungsinhalten versorgen können. Für die Mobilfunknetze bedeutet das einen gewaltigen Datentransfer. Dieser Leistungsumfang kam nicht über Nacht. Er entwickelte sich in zirka 30 Jahren von der Mitte der achtziger Jahre bis heute.

Gut Ding will Weile haben

Das lässt erahnen, um wieviel größer der Aufwand für AR werden wird. AR beschränkt sich im Augenblick auf proprietäre Anwendungen, die für Spiele in Smartphones in einem kleineren Rahmen für bestimmte Systeme angeboten werden. Doch auch schon hier ist der datentechnische Aufwand durch die sich ständig ändernden Bedingungen beim Tracking erheblich. Eine Standardisierung würde den Zugang neuer Anbieter erleichtern. Das haben auch die Big Player im Markt erkannt. Verschiedene Mobilfunk-Provider bilden große Industrie-Allianzen, deren Ziel es ist, über eine Systemführerschaft Standards zu setzen. Doch auch sie werden nicht umhinkommen, mit ihren Wettbewerbern ein gewisses Einvernehmen zu erzielen, um AR zum Durchbruch zu verhelfen. Hier ist einiges in Bewegung, das in den nächsten Jahren den Markt beleben wird.

AR braucht seine Zeit und kann deshalb nicht von heute auf morgen zu einem Standard werden. Trotzdem prognostizieren verschiedene Marktforscher eine rasante Entwicklung. Einige Institute prognostizieren sogar, dass AR-SmartGlasses das Potential besitzen, Smartphones als mobile Anwendung abzulösen. Nach ihrer Auffassung könnte dies schrittweise zwischen 2020 und 2025 geschehen.

Derweil sind aber noch viele technische Hürden zu überwinden. Das sind Technologie und Performance. Zunächst heißt das im Wesentlichen: Dass Brillen viel günstiger werden müssen, das Netz stabiler und viel schneller werden muss. Außerdem müssen die Netzkosten für die User gewaltig sinken.

---

15 Golem.de Avegant Glyph am 02.09.2016: http://www.golem.de/news/videobrille-das-avegant-glyph-kommt-nach-deutschland-1609-123062.html

Oft ist weniger mehr

Bis dahin werden sich die Anwendungen von SmartGlasses mit den proprietären Einsätzen begnügen und versuchen, aus dieser Nische ihre Vorteile zu ziehen. Je nach technischem Reifegrad können solche AR Datenbrillen sehr schnell an industrielle Anwendungen angepasst werden. Hier gilt: weniger ist mehr. Denn diese Art SmartGlasses sind vornehmlich Kameras, mit denen über ein Transponder-System oder eine Smartphone-Verbindung Live-Bilder gesendet oder empfangen werden.

Besonders vorteilhaft ist diese Variante für Service, Produktions-Umgebungen und jede Art von Fern-Steuerungen. Zusätzlich minimiert diese Lösung die Gefahr eines Fremdzugriffs Dritter durch einen „Man-in-the-Middle-Angriff" (bei dem ein Angreifer Zugang zum Datenfluss hat). SmartGlasses werden so schon jetzt in vielen Bereichen der Industrie und der Hochtechnologie eingesetzt, sei es bei der Fern-Wartung von Schiffsantrieben, bei der komplizierten Verkabelung eines Passagierflugzeugflügels oder beim aufwändigen Zusammenbau eines Groß-Kühlschrankes.

Diese Branchen-Lösungen sind eine Chance für innovative System-Integratoren, die die Industrie mittels AR/VR-Technologien bei der digitalen Transformation ihrer Produktionsprozesse unterstützen. Stichwort ist hier: Industrie 4.0 und „Internet of Things" (IoT)[16]. Beide Begriffe stehen für einen disruptiven Wandel in Industrie und Wirtschaft, aber auch für AR/VR-Technologien. Virtual Reality verwenden System-Integratoren bereits jetzt beim Design, bei der Produktions-Prozessplanung, bei Simulationen und Sicherheitskonzeptionen etc. Die Schwester-Technologie AR unterstützt Unternehmen bei ihren Service-Dienstleistungen, ihre Mitarbeiter bei Montage und Produktion, aber auch bei der Kommunikation zwischen Qualitätsprüfern und Entwicklungs-Ingenieuren[17].

---

16 Die Systemintegratoren sind basierend auf einer aus Auswahl der Digility Conference 2016 Köln Digility.de: www.innoactive.de , www.vectorform.com , www.3dexcite.com/de, und für Industrielösungen IoT: www.tomorrowlabs.io

17 Aus VDE Dialog, das Technologie Magazin 01/2017 S. 19 in Bezug auf BMW

4 Guter Service zahlt sich aus

Im Service-Bereich ist man hier schon erheblich weiter. Seit 2016 steigert das norwegische Unternehmen Kongsberg für maritime Technologie[18] die Effizienz seiner Serviceleistungen durch eine AR-Ferndiagnose, die sie von ihrer skandinavischen Zentrale aus als weltweite Dienstleistung anbieten. In enger Kooperation mit Brother strukturierten sie ihren Service um. Kommt es auf hoher See zum Beispiel zu einer Störung des Antriebsaggregats, kann der Bord-Ingenieur „remote" über Satellit Kontakt mittels OmniJoin[19] und AirScouter[20] von Brother zur Kongsberg Service-Zentrale aufnehmen. Die dortigen Spezialisten identifizieren dann mit dem Bordingenieur gemeinsam das Problem. Sie leiten ihn zum Beispiel zur Motoreinheit und führen mit ihm gegebenenfalls die Reparatur durch. So wird im schlimmsten Fall eine Havarie oder im günstigsten Fall eine Verspätung vermieden. Eine schnelle, preiswerte und effiziente Lösung, die wohlmöglich die Versicherungskosten senkt und sich in einem Störungsfall gut bezahlt macht.

Chance und Risiken für Beratung

Die Einsatzgebiete sind schon jetzt sehr vielfältig und leisten einen wesentlichen Beitrag zur digitalen Transformation. Innovative Systemhäuser können auf diese Weise mit AR/VR-Lösungen Geld verdienen, durch ihre Erfolge die Nachfrage nach AR und VR erhöhen, die Akzeptanz in der Öffentlichkeit steigern, um schließlich den zukünftigen Massenmarkt für AR-Produkte zu entwickeln[21]. Daneben sind solche Projekte auch ein Gradmesser, was technisch erwünscht ist. Denn viele Unternehmen sehen sich unbeabsichtigt der Gefahr ausgesetzt, viel zu anspruchsvoll zu entwickeln und ihre finanziellen Mittel zu verschwenden. Stichwort ist hier „over-engineered"[22] – zu viel technischer Aufwand für zu geringen wirtschaftlichen Ertrag.

---

18   Kongsberg Maritime ist ein weltweit führendes Unternehmen für Technologien für On- und OffShore-, die Handelsmarine, für Unterwasser-Anwendungen, Marine, Aquakulturen, Training und Services. www.km.kongsberg.com/ks/web/NOKBG0237.nsf/AllWeb/AFA3D0473C700E69C1256C4F003DB3C0?OpenDocument

19   OmniJoin ist ein Videoconferencing System von Brother: youtu.be/b3c7CUbe61E

20   In diesem Video youtu.be/5r1oYx0GOxU sieht man die AirScouter Brille von Brother im Service-Einsatz auf einem von Kongsberg Maritime betreuten Container-Schiff.

21   Augmented World Expo 2016 video: The Augmented Reality Market Opportunity Panel AWE 2016 / www.youtube.com/watch?v=zgs-E2uDJwY&list=PLLri17oDqCEWcVCfP78LnkGfl3efPleg7&index=14

22   ebenda

5 Virtual Reality

Im Vergleich zu hippen Virtual-Reality-Anwendungen scheint AR auf den ersten Blick technisch zurückzuliegen. Das wird nicht nur daran deutlich, dass in den Auslagen diverser Elektronikmärkte die klobigen VR-Brillen ins Auge stechen, sondern auch dadurch, dass deutlich mehr Magazine und Technik-Seiten im Internet darüber berichten. Ohne Frage gibt es schon jetzt im Bereich VR sehr interessante und auch für Industrie und Handel lukrative Anwendungen. In der Regel sind es Spiele, die durch Töne, Geräusche und 3D-Optik oft auch im Zusammenspiel mit Handcontrollern[23] in eine „andere" Realität entführen. Je nach Hersteller geht der Grad der Immersion, das vollständige Eintauchen in die VR-Welt, schon sehr weit. Die VR-Brille unterscheidet sich aber deutlich von ihrer AR-Schwester. Sie ist oft sehr klobig, manchmal schwer und sie trennt den Anwender in einer ganz besonderen Weise von der wirklichen Umgebung. Deshalb werden VR-Brillen mit zusätzlichen Sensoren ausgestattet, um ihren Trägern mehr Sicherheit im Raum zu verschaffen. Jeder Gegenstand, sei es ein Stuhl, ein Tisch oder ein vergessenes Spielzeug im Raum würde den Spieler stolpern lassen. Nur wenn man genügend Platz in seiner Wohnung oder im Haus hat, kann man einen Raum „entrümpeln" und mit dem Spielen loslegen und ganz in die virtuelle Welt eintauchen.

Wie schon im Beispiel oben mit den eingeblendeten Flug- oder Fahr-Daten für die ersten AR-Anwendungen, macht sich auch VR die Vorteile einer festgelegten Umgebung zu nutze. Auto- und Möbel-Hersteller steigern das Verkaufserlebnis, indem sie ihre Kunden in ein reales Auto einsteigen lassen oder im Showroom eines Möbelhauses verschiedene Möbel in deren virtuell eingespieltem Wohnzimmer platzieren. Dabei kann im Falle des Autos der gesamte Innenraum virtuell gestaltet werden. Analog kann sich der Kunde im Möbelhaus sein neues Wohnzimmer mit virtuellen Sofas, Tischen und Stühlen einrichten.

Ich sehe was, was Du nicht siehst und das ist...

Wer Kinder hat, weiß, dass das manchmal schon recht knifflig werden kann. Und bei diesem Kinderspiel hat man es nur mit realen Gegenständen zu tun. Überträgt man das auf AR/VR und Mixed Reality (MR), dann kommen noch weitere Dimensionen hinzu. Denn die Übergänge zwischen AR/VR und MR sind fließend oder sie verschränken sich sogar ineinander.

---

23 (HTC ViVE, Samsung Gear VR, Oculus Rift, LG 360° VR etc.)

REALITY-VIRTUALITY CONTINUUM

HRI	AR	AV	VR
REAL ENVIRONMENT	AUGMENTED REALITY	AUGMENTED VIRTUALITY	VIRTUAL ENVIRONMENT

MIXED REALITY

Übergang von der realen zur virtuellen Welt und umgekehrt

Als Paul Milgram und Fumio Kishino 1994[24] mit ihrer genialen Grafik die Verhältnisse dieser Realitäten einfach und klar erklärten, bezog sich dies noch ausschließlich auf gewöhnliche Bildschirme. Andere Darstellungsmöglichkeiten waren nur in geringem Umfang verfügbar oder die beiden Forscher nahmen sie vorweg. Ihre Grafik zeigt einen Doppelpfeil, an dessen einem Ende links sich die reale Welt und auf der gegenüberliegenden Seite rechts die virtuelle befindet. Dazwischen nehmen die Realitäten verschiedene Grade der Wirklichkeit und der Virtualität ein. Augmented Reality beschreiben sie dort mit ungefähr 75 Prozent Realität und 25 Prozent Virtualität. Milgram und Kishino führten noch eine vierte Variante ein, die sie als „Augmented Virtuality" (AV) bezeichneten, und die sich spiegelbildlich zu AR verhält. Bei AR werden reale Objekte mit Daten der Virtualität, bei AV hingegen wird die künstliche Welt mit Elementen aus der Wirklichkeit ergänzt.

Mixed Reality verhält sich in diesem Kontinuum[25] wie eine besondere Art der AR, in der durch eine Immersion[26] mit künstlichen Objekten die Realität in Teilen virtualisiert wird, eine Art „Augmented Reality 2.0".

---

24 Paul Milgram und Fumio Kishino A TAXONOMY OF MIXED REALITY VISUAL DISPLAYS in: IEICE Transactions on Information Systems, Vol E77-D, No.12 Toronto/Kyoto December 1994.

25 Paul Milgram und Fumio Kishino A TAXONOMY OF MIXED REALITY VISUAL DISPLAYS in: IEICE Transactions on Information Systems, Vol E77-D, No.12 Toronto/Kyoto December 1994.

26 Immersion beschreibt das vollständige Eintauchen in eine virtuelle Welt mit allen Sinnen. Dieser Zustand wird aber nur erlebbar und akzeptiert, wenn die Interaktion mit ihr den Erfahrungen, der Logik und Empirie entspricht.

Dies bezieht sich auf AR/VR und MR-Anwendungen, bei denen ausschließlich Datenbrillen genutzt werden. Anders ausgedrückt könnte man MR als eine besondere Form der Augmented Reality bezeichnen, die nur über einen sehr hohen technischen Reifegrad erlebbar wird. Schließlich müssen die virtuellen Objekte auch in die reale Welt eingepasst werden. Und nicht nur das, sie müssen für die perfekte Wirkung im Verhältnis zum Brillenträger und den ihn umgebenden Objekten seinen empirischen Erfahrungswerten entsprechen. Die Entwickler müssen hierfür permanent die geometrische Einpassung der virtuellen Elemente in die Realität überprüfen. Es geht um ihre Konsistenz. Hier spielt das optische Reflexions- und Raumverhalten genauso eine Rolle wie der sich ständig verändernde akustische Eindruck bei Bewegung im Raum: „Mit Microsoft HoloLens wollen wir unseren Kunden nicht einfach nur ein neues Gerät, sondern eine völlig neue Erfahrung bieten", beschreibt Michael Zawrel[27], Product Manager bei Microsoft für HoloLens and Devices die technischen und die Marketing-Ziele von Microsoft. Microsoft hat mit der HoloLens und Mixed Reality Großes vor. Die HoloLens ist eingebunden in einer eigenen „Software Welt", der Holographic Suite. Sie steht allen Windows 10 Usern ab dem Creative Update zur Verfügung. Dazu liefert der Gigant aus Redmond auch ein Software Development Kit (SDK) aus, um weltweit Entwickler für die Holographic Plattform zu gewinnen und nicht unbedingt den Enduser. Entwickler erhalten die HoloLens für etwas mehr als 3.000 Euro, Enduser hingegen müssen über 6.000 Euro auf den Ladentisch legen[28]. Für Zwarel geht es darum:"... eine Vision zu teilen und aufzuzeigen, was mit Hologrammen in der realen Welt möglich ist und wie sie unser Leben verändern".

Virtuelle, augmented und mixed Reality-Inhalte erreichen uns über unterschiedliche Brillentypen. VR-Brillen erinnern uns an etwas zu groß geratene, aber undurchsichtige Skibrillen. Sie sind über ein Datenkabel mit einem Transponder und über ihn mit einem High-End PC verbunden. Man spricht deshalb auch von einem so genannten Head mounted Display (HMD). Obwohl ein solches Ensemble ein wenig futuristisch aussieht, hat es sich zwar beim Tragekomfort enorm verbessert, ist jedoch im Grundprinzip beinahe 50 Jahre alt. 1968 entwickelte Ivan Sutherland[29], ein Wissenschaftler vom Massachusetts Institute of Technology (MIT), sein „Sword of Damocles". Über eine komplizierte und schwere Deckenträgervorrichtung und Kopfhalterung machten VR/AR Testpersonen die ersten Erfahrungen in virtuellen Welten - natürlich in begrenztem Umfang. Die Testpersonen konnten sich nur in engen Grenzen wie Figuren in einem riesigen Kickerspiel bewegen. Die Linsen ihrer Datenbrille wirkten dabei wie zu klein geratene Glasziegel. Sie entsprachen dem technischen Stand

---

27 Michael Zwarel, Product Manager bei Microsoft für HoloLens and Devices Im Interview (siehe Anhang)

28 Stand IV Quartal 2016

29 Ivan Sutherland: The Ultimate Display 1965: Sutherland beschreibt in diesem Dokument, wie sein „Sword of Damocles" aussehen wird. http://www8.informatik.umu.se/~jwworth/The%20Ultimate%20Display.pdf

der sechziger Jahre. Dennoch, es war der erste Versuch, virtuelle Realität ein wenig mobil zu machen, soweit das im Rahmen der Deckenbefestigung möglich war.

Das Damoklesschwert mag ein wenig bizarr wirken, der Entwurf von Sutherland ist aber gar nicht so weit entfernt von seinen modernen Geschwistern. Die meisten erinnern an Sehhilfen für Schneeblinde. Ebenso wie ihr Vorbild aus den sechziger Jahren sind sie zumeist als kabelgebundene Einheit mit einer Art Dockingstation[30] verbunden. Sie versorgt die virtuelle Datenbrille mit Strom und verbindet sie mit einem Rechner. Typische Vertreter sind hier Oculus Rift (von Facebook) und HTC Vive, um nur zwei zu nennen[31].

Ihnen eigen ist, dass sie ihre Träger vollständig von der Außenwelt trennen. Fremde optische Reize werden durch die lichtundurchlässige Brille verhindert. Dazu kommen noch Kopfhörer. Sie schirmen den Menschen gegen akustische Reize aus der realen Welt ab. Zusammen sorgen sie für eine vollständige Immersion. Kein Wunder, dass viele Gaming Produzenten auf diese Technik bauen.

Obwohl einige Marktbeobachter im Frühjahr 2017 das Abflauen des VR-Gamings und einen Rückgang der VR-Brillen bemerken wollen, kann die ein wenig erschlaffende Kauffreude der Endkunden an den hohen Anschaffungspreisen gepaart mit der Unübersichtlichkeit proprietärer VR-Lösungen liegen. VR-Spiele sind an die jeweiligen Systemwelten gebunden. Zwar können HTC Vive Spieler mit Hilfe einer Software wie „Revive" interessante Spiele der größeren Oculus Rift Welt spielen, doch vermutlich nicht gleichzeitig an einem Rechner.

Hundert Cent oder ein Euro

Sutherlands Entwurf wird ebenfalls als einer der ersten AR Versuche gesehen. Beide Technologien sind zwei Seiten einer Münze. Wobei immer mal wieder nur mit der Kopf- oder der Zahl-Seite bezahlt wird. AR hielt schon in den achtziger Jahren Einzug beim Militär oder bei Sportübertragungen im Fernsehen.

Beinahe unbemerkt von der Öffentlichkeit ging die Entwicklung in der Zwischenzeit jedoch in der Industrie weiter. Das ist vor allem der Verdienst des Fraunhofer Instituts. Es sorgte in den Jahren 1997 bis 2003 in enger Kooperation mit der deutschen Wirtschaft und insbesondere der Automobilindustrie unter dem Projektnamen „ArViKa (Augmented

---

30 Auch der Airscouter von Brother besitzt einen solchen Transponder. Vermutlich deshalb spricht Brother bei seiner AR Brille von einem Head mounted Display.

31 Stand Frühjahr 2017

Reality in Entwicklung, Produktion und Service)"[32] für zukunftsweisende AR Konzepte. ARVIKA sollte zusätzliche Daten zu den technischen Einrichtungen personenbezogen in einer „Mensch-Technik-Interaktion" bereitstellen. Schon zu diesem frühen Zeitpunkt setzte das Fraunhofer-Institut auf die Datenbrille. Ihren Trägern wurden zu den sich im Sehfeld befindenden Objekten mittels virtueller Überlagerung zusätzliche Informationen eingespielt.

Vieles aus diesem wegweisenden Projekt hat schon längst erfolgreich Einzug nicht nur in die deutsche Industrie gehalten. Eines seiner späteren Spin-Offs ist die Firma Metaio (Metaio.com), die mit dem 3D-Einrichtungsplaner „KPS Click & Design"[33], eine der ersten Verbraucher-Anwendungen für AR im Jahr 2005 auf den Markt brachte. Fraunhofer und später Metaio beschäftigen sich zwar mit AR-Technologien, diese sind jedoch genauso grundlegend für VR.

---

32 Fraunhofer Institut für Graphische Datenverarbeitung (IGD) Darmstadt 2003 43pp: http://publica.fraunhofer.de/documents/N-19628.html

33 Metaio in Kooperation mit SHD –Kreative Planungs-Systeme GmbH: Die Lösung KPS erhielt den Dassault Innovationspreis. Vorgestellt wurde KPS bei der Einführung von Microsoft OS Vista. Die Lösung platzierte virtuelle Möbel in Fotos:
http://www.shd-kps.de/index.php?id=385&no_cache=1&tx_ttnews%5Btt_news%5D=234

6 AR ist immer generell, denn sonst passt es auch nicht virtuell

Egal, ob man sich in einem realen Raum mit Tür, Fenstern und Möbeln oder einer künstlichen, virtuellen Welt befindet, ein Gamer, ein Ingenieur oder auch ein Architekt erwarten, dass die Objekte sich darin genauso wie in der Realität verhalten – damit sie nicht den eigenen Erfahrungen und genauso wenig den physikalischen Gesetzen widersprechen. Wesentlich dafür ist in einem ersten Schritt die Ermittlung ihrer genauen Lage und Größe. Denn wo ein Schrank steht, kann kein Tisch sein, jedoch daneben! Bewegt man sich in diesem Raum, verändern sich relativ zur neuen Position die Größen-, die Licht- und Geräusch-Verhältnisse der Objekte. Gleichwohl kann bei einem virtuellen Spiel aus diesem Schrank ein „Monster" springen oder man findet dort schlicht Bücher.

Was in diesem Raum passiert, ist demnach vom Kontext und vom Device abhängig. Das Monster gehört wahrscheinlich zur VR, während man auf Bücher vermutlich eher in einer AR oder MR Welt treffen wird. Entscheidend ist, dass das, was man in der Datenbrille präsentiert bekommt, echt wirkt und den Gesetzen der Logik folgt.

Hierbei können schon die kleinsten Faktoren zu Störungen führen. Ändern sich die Lichtverhältnisse, wie Helligkeit oder Richtung, kann dies dazu führen, dass ein Objekt nicht mehr richtig erkannt wird. Im industriellen Bereich werden hier oft sogenannte Marker eingesetzt. Sie besitzen eine einfache Struktur. Meist sind sie kleine Schwarz/ Weiße Icons. Sie ähneln dem bekannten, aber komplexeren QR Code. Das macht sie bei einer Analyse des Bilderstroms durch geeignete Algorithmen bei definierten Lichtverhältnissen leichter erkennbar. Klar, das setzt eine ideale Werksumgebung voraus. Staub, helleres Licht oder eine leichte Verschattung können da schon ausreichen, um das AR-System zu beeinträchtigen. So konnten relativ geringe Veränderungen Ursachen für Störungen werden. Dr. Ulrich Bockholt, Abteilungsleiter Virtuelle und Erweiterte Realität beim Fraunhofer Institut für graphische Datenverarbeitung beschreibt die Erfahrungen des Teams: „Das waren Lösungen, die sehr gut im Labor, in einer industriellen Umgebung allerdings nicht so gut funktionierten. Dort im realen Umfeld oder in Szenarien sind sie Umgebungsfaktoren wie Schmutz, Beschädigung oder schlechtem Licht ausgesetzt. Diese Szenarien sind meist sehr großräumig, sodass man Marker in der Praxis nur sehr schwer einsetzen kann".

Kosten sparen in der Industrie

In einer rein virtuellen Umgebung indes, wie sie bei VR-Spielen zu finden ist, erlauben die definierten „Studio"-Bedingungen das perfekte Spielerlebnis. Denn hier kann der Entwickler die Rahmenbedingungen selber definieren. Selbst, wenn er die reale Umgebung in seine

Simulation integriert, indem er beispielsweise mittels einer Kamera die Umgebung einblendet. Diese Möglichkeiten machen virtuelle Technologien besonders für die Industrie interessant. VR erlaubt es, neue Anwendungen auszuprobieren oder Prozesse in der Produktion zu simulieren und zum Beispiel letzten Endes auch Autokunden schon einmal in ihrem zukünftigen Auto virtuell Platz nehmen zu lassen. Für Hersteller und Industrie-Unternehmen ergeben sich hierdurch enorme Sparpotentiale. Sie können Rüstzeiten drastisch reduzieren, weil sie schon im Vorfeld „…zusammen mit der Sensorik und der Datenerfassung in Echtzeit die reale Welt mit der digitalisierten zur Deckung bringen kann…", bringt Bockholt die Vorteile auf den Punkt. Sie schaffen damit ein „digitales Abbild" oder ein virtuelles Double, mit dem idealerweise schon im Vorfeld einer Produktion verschiedene Einsatz-Szenarien digital durchgespielt werden können. Dadurch kann Fehlentwicklungen entgegengewirkt und Fehlinvestitionen verhindert werden.

Doch nicht nur die Produktion profitiert von VR durch mehr Sicherheit und Effizienz, auch die Qualitätssicherung und nicht zuletzt auch der Zeitaufwand für die Schulung der Mitarbeiter und die Qualität ihrer Ausbildung verbessern sich.

All under Control

Bei diesen Simulationsvorgängen spielt das exakte Tracking[34] der realen wie auch der virtuellen Gegenstände eine entscheidende Rolle. Im industriellen Bereich sind es zumeist Marker. Virtuelle Headsets arbeiten mit zusätzlichen Hand-Controllern. Nach der Festlegung des Arbeitsbereichs oder des Spielfeldes erkennen sie mit ihnen die (Aus-)Richtung der Hände. Ob sie gedreht sind, ob sie nach oben oder nach unten zeigen und letzten Endes, worauf sie deuten. Aktionen werden durch das Drücken einer „Trigger-Taste" bestätigt[35] - ganz ähnlich wie bei der „Enter-Taste" auf dem PC. Zurzeit nutzen die meisten VR-Headsets ähnliche Technologien[36] – wenngleich schon einige Hersteller an einer Gestensteuerung arbeiten.

Werden AR-Datenbrillen oder -HMDs (Head-Mounted Display) eingesetzt, so ist die bevorzugte Technik das Eye-Tracking. Dabei wird zumeist über Infrarot-Kameras das menschliche Auge und hier gezielt die Iris und die Pupille ausgemessen. Mit der Bestimmung des Mittelpunkts und dem Winkel-Vergleich beider Augen kann die Blickrichtung ermittelt werden. Der Schnittpunkt oder besser der Fokuspunkt beider Blickachsen fixiert dann das

---

34 Tracking- Personen- und Objekt- Lokalisierung und -Verfolgung durch: Marker oder Pupillen-Ausrichtung, Bildverfahren und GPS/Galileo/Glonass

35 Vorbild ist hier HTC Vive.

36 HTC VIVE; Oculus Rift; Razers OSVR HDK 2; Starbreezes STAR VR aus Golem.de: https://www.golem.de/news/virtual-reality-oculus-uebernimmt-eye-tracking-startup-1612-125297.html

Tracking-Objekt[37]. Google Glass und Microsoft HoloLens setzen auf diese Technik. Zweifellos eignet sich Eye-Tracking besonders in der AR- und MR Welt. In Kombination mit GPS erweitert diese Technik das Tracking. Nicht nur Objekte können getrackt werden, auch ihre Überlagerung mit zusätzlichen Daten dürften den beiden IT-Giganten nicht schwerfallen. Beide verfügen dank ihrer Suchmaschinen über einen gewaltigen Informationsbestand.

Wenn man auf dem Münchner Viktualienmarkt stände, sieht man auf der Straßenblickachse einmal das alte Rathaus mit dem verdeckten Talburgtor und auf der anderen Seite die Schrannenhalle. Am Schnittpunkt der Straßen Viktualienmarkt und Prälat-Miller-Weg, mit Blick auf das alte Rathaus, hat man den Markt im Rücken und schräg links eine Bushaltestelle vor sich. Google Glass und die HoloLens würden alle Zusatzinformationen zu den Einkaufsmöglichkeiten am Platz und zur Heilig-Geist Kirche einblenden. Mit der HoloLens könnte man in einer Mixed Reality Simulation zum Beispiel die Verlegung der Bushaltestelle während der Faschingssaison virtuell durchspielen oder eine neue Bühne für die tanzenden Marktfrauen auf dem Viktualienmarkt zwischen den Buden einpassen.

Das passt gut

Die exakte Bestimmung der realen und virtuellen Objekte, ihre Lage zueinander und ihre Verortung im Raum macht Tracking zur universellen Basis für die gesamte Bandbreite des Kontinuums von AR bis VR. Deshalb ist es kein Wunder, dass die meisten Applikationen nicht für das Entertainment wie Games oder ähnliches entwickelt werden, vielmehr sind sie in der Regel industrielle Anwendungen. Mit einem relativ geringen Kostenaufwand können komplette Produktionsprozesse am digitalen Double simuliert werden. Das spart Zeit und damit viel Geld.

Aber es ist nicht nur die Simulation, die eine Verlagerung zum Beispiel eines realen Prototypings in eine virtuelle Realität – sei es VR oder AR und MR – so interessant für die Industrie macht. Es sind vor allem die neuen Möglichkeiten, an einem Projekt mit unterschiedlichen Entwicklerteams über alle Zeitzonen hinweg an jedem Ort der Welt zusammenzuarbeiten: Stichwort Kollaboration.

Und nicht nur das, schon im Vorfeld können mögliche Gefahrenpotentiale, die durch die Installation und den Betrieb des ehemaligen Prototyps in einer realen Umgebung entstehen könnten, minimiert oder gänzlich ausgeschlossen werden. Außerdem können Mitarbeiter schon in einer frühen Phase der Installation an der neuen Maschine oder auf einen neuen Produktionsprozess risikolos und effizient trainiert werden.

---

37 In der Zwischenzeit sind VR HMDs von HTC VIVE, Samsung Gear VR und Oculus Rift auch mit Eye-Tracking Lösungen von SMI verfügbar: https://www.smivision.com/eye-tracking/products/vr-ar-eye-tracking/

Life counts

Genaue Tracking-Daten führen nicht nur in der Industrie zu mehr Effizienz. Einsatzkräfte wie Feuerwehr, technisches Hilfswerk, Polizei und noch mehr das Militär werden in der Zukunft – soweit nicht schon jetzt bereits genutzt – auf Tracking und die damit verbundenen AR-Informationen angewiesen sein. Die Tracking-Daten sind schlichtweg lebenswichtig.

In einem Katastrophenfall werden Einsatzkräfte gefährdeten Menschen schneller helfen können, weil ihnen die Gebäudepläne direkt in ihr HMD eingespiegelt werden können. Feuerwehrleute erreichen damit schneller ihren Einsatzort und können sich eher um Verletzte kümmern. Für sie selber verringert sich das Gefahrenpotential, weil sie durch die Daten der Gebäude und der Industrie-Anlagen schon früher die Zugänge und Notausgänge kennen. Außerdem können den Feuerwehreinsatzkräften in Echtzeit aktualisierte Daten geschickt werden. So erfahren sie, ob Gefährdungen durch die Materialien am Brandherd oder die nähere Umgebung ausgehen. Andere Einsatzkräfte wie Sanitäter können biometrische und physiologische Daten ihrer Patienten direkt aus dem Krankenwagen an Krankenhäuser übermitteln, um zunächst über Ferndiagnose und anschließend über Telemedizin angeleitet, im Vorfeld schon entscheidende lebensrettende Maßnahmen einzuleiten. Die Live-Daten aus den Krankenwägen vereinfachen auch in der Behandlungsfortsetzung die Vorbereitungen in der Notaufnahme: Wertvolle Zeit wird gewonnen.

In einem Katastrophenfall oder bei einer schwierigen Bergung können großräumige Geodaten, angereichert durch topografische Kartendetails und Drohnen-Livebilder, ergänzt durch Wärmeaufnahmen, Rettungseinsätze in unzugänglichen Gegenden beschleunigen und effizienter machen.

Den größten Vorteil aus AR-HMDs ziehen die Polizei und das Militär. Laut verschiedener Experten beträgt allein der militärische Anteil aller bis zum Jahr 2020 verkauften HMDs bis zu 70 Prozent des Gesamtmarktes. Im Jahr 2020 soll dann der Umsatz auf über 8 Milliarden US Dollar steigen. Über fünf Jahre gerechnet, würde das einem durchschnittlichen Wachstum von etwa 40 Prozent entsprechen.

Die Einführung solcher Innovationen hat Nebeneffekte. Sie stoßen zumeist eine ganze Kette weiterer Investitionen an. SmartGlasses decken ja auch nur einen AR-Teilbereich ab. Die erweiterte Realität im Militär- und im Polizei-Bereich besteht nicht nur aus HMDs. Dazu gehören ebenfalls Drohnen, intelligente Kleidung („smart Wear"), smart health Monitoring und nicht zuletzt eine „closed collaborate communication", also eine lokale gesicherte Gruppenkommunikation. Möglicherweise werden hier schon AR-Technologien eingesetzt, von denen die Öffentlichkeit noch nichts erfahren hat. Aber die wenigen Präsentationen, die offiziell den aktuellen Stand zeigen, lassen ahnen, was noch kommen wird.

Wer sich an den Film „Minority Report" aus dem Jahr 2002 erinnert, dem fällt sicherlich die Szene mit Tom Cruise ein, als er in seiner Rolle als Steve Anderton mit bloßer Handsteuerung Daten manipulierte. Der Film spielt im Jahr 2054, doch Meron Gribetz, charismatischer Geschäftsführer von Meta, brauchte bei seiner TED Präsentation[38] vom Februar 2016 nur ein aktuelles HMD. Ein Fingerschnipsen von ihm und schon fliegen Videos, Börsencharts und jegliches Entertainment herbei.

Gestensteuerung ist für ein AR-SmartGlass ein absolutes Muss, denn im Gegensatz zu VR sind hier Handcontroller weder praktisch noch sinnvoll. Wenn Gestensteuerung schon im zivilen Einsatz nützlich ist, wie notwendig ist sie erst recht für Einsatzkräfte und vor allem für die Soldaten an der Front. Ähnliche Technologien – wie die von Meta – stehen vermutlich schon bald als „Combat Field Information" für jeden Soldaten zur Verfügung.

Schon ein Jahr vorher, im März 2015, zeigte David Eagleman auch auf TED in einer aufsehenerregenden Präsentation eine Art intelligente Weste, mit der taube Menschen Nachrichten und Informationen über Vibrationen übertragen bekommen[39]. Das Verblüffende dabei ist, dass Testpersonen nach Aussage von Eagleman binnen weniger Tage Nachrichten verstehen können. Ähnlich der Braille Schrift vibrieren bei dieser Lösung Kontaktpunkte. Wie ausgefeilt ein solches Verfahren für ein Messaging sein könnte, zeigt die reale Blindenschrift. Polizeiliche und militärische Einsätze würden wohl durch dieses Verfahren einer nonverbalen, taktilen Kommunikation erheblich profitieren. Denn die Koordination einer ganzen Einheit würde geräuschlos funktionieren – ein großer Sicherheitsgewinn.

---

38 TED Meron Gribetz: A Glimpse of the future through an augmented reality headset www.ted.com/talks/meron_gribetz_a_glimpse_of_the_future_through_an_augmented_reality_headset#t-408635 Februar 2016 TED (Technology, Entertainment, Design) ist eine jährliche Innovationskonferenz in Monterey Ca. Wichtige Vorträge werden im Netz veröffentlicht.

39 TED David Eagleman: Can we create new senses for humans? März 2015 https://www.ted.com/talks/david_eagleman_can_we_create_new_senses_for_humans/transcript?language=e n

7 Basistechnologien für AR und VR

Batterien

Eines haben VR-Brillen ihren AR-Geschwistern in der Regel voraus: Durch ihre Kabelverbindung mit dem PC ist eine permanente Stromversorgung gesichert. Es gibt zwar schon kabellose Lösungen, die dem Träger einer VR Brille etwas mehr Bewegungsfreiheit ermöglichen, aber da VR nur in einem beschränkten oder definierten Bereich eingesetzt wird, sind Stromquellen immer verfügbar. HTC erlaubt für Vive zwischen den „Base Stations", die die Grund- oder Aktionsfläche festlegen, eine maximale Diagonale von fünf Metern[40]. Dabei geht man davon aus, dass man im Raum bleibt und Strom vorhanden ist. Selbst die ultimative Erfahrung eines Rennfahrers, quasi mit verbundenen Augen und nur mit einer „blinden" VR-Brille ausgestattet in einem echten Rennwagen durch eine gespenstische virtuelle Landschaft zu rasen, funktioniert nur in einem definierten Rahmen. Die Ingenieure haben natürlich vorher die wirkliche Rennstrecke exakt vermessen. Der Rennfahrer steuert seinen Boliden deshalb nur in den wirklichen Grenzen der Rennstrecke. Während seiner irrwitzigen Fahrt ist sein Oculus Rift HMD immer über ein Kabel mit dem Rechner im Auto verbunden. Seine Stromversorgung ist damit gesichert[41].

Natürlich könnte man AR-Brillen mit einer ähnlichen Konstruktion in einem Auto verwenden. Doch der Reiz eines AR-HMDs oder einer AR-Datenbrille liegt darin, mehr Wirklichkeit zu erleben, gerade das Autodrom zu verlassen und die Welt jenseits eines vorgegebenen digitalen Raums frei zu erkunden. Das heißt, ohne dessen Stromversorgung.

Noch sind AR-Brillenträger in der Öffentlichkeit recht rar. Bei industriellen Anwendungen ist maximale Beweglichkeit und hoher Bedienkomfort gefordert[42]. Allenfalls eine einfache Kabelverbindung zu einem Transponder oder einer damit verbundenen Batterie „Range Extension" ist akzeptabel. Je nach Hersteller und Modell geht der „Saft" der HMD-Batterien relativ schnell aus. Die besten Akkus sollen es bis zu acht Stunden schaffen. Die meisten anderen müssen nach etwa 240 Minuten Strom nachtanken.

---

40 Beschreibung aus der Vive Installation (exe) Festlegung der Raumgröße (learn about room scale) https://www.vive.com/de/setup/ ; Stand Frühjahr 2017.

41 Castrol Edge Virtual Drift mit einer Oculus Rift: https://www.youtube.com/watch?v=oJPksaHN7O0&feature=youtu.be

42 Die Firma Schnellecke Group AG & Co. KG setzt in ihrer Produktionsanlage auf Google. Ihre Angestellten nutzen Google Glass für die Produktion von Autohimmeln während einer ganzen Schicht von acht Stunden: https://www.youtube.com/watch?v=lPEFv4GaRpI ab 10:34Min zu sehen

Always „On"?

Wird die Datenbrille unter Volllast genutzt, dann reduziert sich die Akkuleistung erheblich. Einige Hersteller geben darum eine breite Leistungsspanne für ihre Batterien an[43]. Für den Durchbruch von AR-Brillen und -HMDs im Massenmarkt müssen die Batteriereichweiten erheblich gesteigert werden und sich mindestens denen von Smartphones angleichen. Eine wichtige Rolle für die Batteriereichweite wird das Nutzungsverhalten der Datenbrillenträger spielen: Wird sie unterwegs auf der Straße wie eine Sonnenbrille oder nur in den eigenen vier Wänden eingesetzt? Oder wird sie als universeller Begleiter tagein, tagaus in der Schule, während der Arbeit und auch als Sehhilfe verwendet?

Das Nutzerverhalten wird der bestimmende Faktor sein. Bei keiner anderen aktuellen IT-Technologie ist die Akkureichweite so entscheidend für ihren Durchbruch wie bei AR-Smart-Glasses. Andere Devices, die bei AR-Verwendung finden, wie Tablets oder Smartphones, kann man beiseitelegen – eine Brille nicht. Es ist nicht zu erwarten oder sehr umständlich, dass ein Brillenträger jedes Mal bei einer anderen Nutzung zu einer anderen Brille greift.

Disruptive Technologien erwartet

Anfang März 2017 vermeldet John B. Goodenough, der Erfinder der Lithium-Ionen-Batterie, einen technologischen Durchbruch. Sein neues Konzept auf der Basis von Glas verspricht längere Nutzungszeiten bei geringeren Kosten, schnelleren Ladezeiten und größerer Energiedichte[44]. Faktoren, die eine Miniaturisierung bestehender Akkusysteme erlauben. Kleinere und effizientere Batterien hätten einen gravierenden Einfluss auf das Datenbrillendesign. Brillen könnten leichter und vor allem modischer werden, „...was bei vielen Menschen Hemmungen gegenüber Datenbrillen abbauen wird", sagte ein freundlicher Besucher auf der Digility Conference in Köln. „Schöne Dinge erhöhen die Akzeptanz neuer Technologien".

Ganz andere Pläne verfolgen ein israelisches und ein US-Unternehmen. Sie wollen die Akkus von Handys, Tablets und anderen IT-Geräten drahtlos aufladen; die Israelis über Infrarotlicht und die Amerikaner sogar über Funkwellen. HMDs, Datenbrillen, PCs und Tablets müssten nicht mehr nach kurzer Einsatzzeit an die Steckdose. Beinahe unbemerkt, aber sehr elegant und diskret wären sie „on Air". Im doppelten Sinne, denn die Technologie eignet sich genauso für eine leistungsfähige Kommunikation mit großem Datenvolumen.

---

43 Der Hersteller Vuzix spricht bei seinem M3000 HMD im Datenblatt von einer Batteriereichweite zwischen 2 bis 8 Stunden. Das kann sich aber noch ändern. M3000 ist noch nicht am Markt erhältlich: http://files.vuzix.com/Content/docs/north-american/web/Vuzix-M3000-Smart-Glasses-01-17.pdf

44 John B. Goodenough: http://www.mdr.de/wissen/glas-akku-elektroauto-100.html

Dadurch bietet sich eine Chance für zusätzliche Einnahmen für regionale und lokale Energieanbieter in Deutschland. Vielen von ihnen sind in Deutschland in den Ballungsräumen schon erfolgreiche Netzbetreiber[45]. Jeder Strommast, jede Straßenlaterne, jede Kirchturmspitze würde in einem solchen Fall die Energie- und Internetversorgung mobiler Geräte sicherstellen.

Das ist noch Zukunftsmusik. Aber ohne neue Akkutechnologien oder Verbesserungen bei der Strom- und Daten-Versorgung wird es keinen Durchbruch für die AR-Datenbrille geben.

Die Fühler ausstrecken

Wie intensiv wir augmented und virtual Reality wahrnehmen können, wird sehr von den beteiligten menschlichen Sinnen bestimmt. Dabei werden nicht alle fünf Sinne in gleicher Weise angesprochen. Es gab schon in den späten fünfziger und frühen sechziger Jahren des 20. Jahrhunderts Versuche, das filmische Erlebnis „Sehen" und „Hören" um Tastempfindungen zu erweitern. Das Technologiekonzept „Sensorama" für ein neues Kino gilt als einer der ersten Versuche, alle menschlichen Sinne durch Technik umfassend anzusprechen[46]. Um dies zu ermöglichen, musste der Zuschauer seinen Kopf in eine Art Guckkasten halten, in dem ihm Filme gezeigt wurden. Der Kasten vibrierte und bewegte sich anscheinend analog zu den gezeigten Filmen, zum Beispiel passend zu einer Motorradfahrt. Kleine Ventilatoren bliesen dem Zuschauer Luft ins Gesicht, um Fahrtwind zu simulieren. Damals wurde von einer „synästhetischen" Erfahrung gesprochen, heute nennt man dies Immersion.

Bei allen AR- und VR-Technologien übernehmen Sensoren eine Prefilter Funktion für unsere Sinne. Sie messen wie schnell wir uns bewegen, wie wir unseren Körper neigen, wohin wir blicken, was wir hören und viele weitere Funktionen. VR-Brillen zeigen ihrem Träger Bilder, die von seiner Körper-Position und -Bewegung abhängig sind. Der Lagesensor oder das Gyroskop bestimmt die horizontale und vertikale Position des Trägers der VR Brille. So wird ermittelt, in welchem Winkel der Kopf geneigt ist. Davon ist abhängig, welchen Ausschnitt eines Gegenstands oder einer Szene der Träger einer Datenbrille in einem Game oder vor einer Maschine sieht. Bewegt er sich weiter, wird der Beschleunigungssensor aktiviert. Doch alles bewegt sich in Grenzen, die von externen Sensoren bestimmt werden. Im festgelegten Aktionsrahmen einer VR-Anwendung wie bei HTC Vive übernehmen die Base Stations die genaue Positionsbestimmung des Brillenträgers.

---

45   Das israelische Unternehmen www.wi-Charge.com verwendet quasi medizinisches Rotlicht, um Strom und auch Kommunikation bereitzustellen. www.energous.com verwendet Radiowellen mit dem gleichen Ergebnis.

46   Sensorama wurde von Morton Heilig Mitte der fünfziger Jahre in den USA entwickelt. Anfang der sechziger wurde ein bis heute funktionierender Prototyp gebaut. https://en.wikipedia.org/wiki/Sensorama und http://www.medienkunstnetz.de/works/sensorama/

Bis hierher sind die Leistungen der VR- und AR-Brillen fast identisch. Für AR-Brillen übernimmt das WLAN in einem Gebäude die Ortsbestimmung. Außerhalb von Gebäuden oder jenseits des Netzwerkes wird das satellitengestützte Laufweitenmess-System[47] aktiviert. Dieses Global Positioning System (GPS) ist in seiner zivilen Variante ein wenig ungenau. Es liefert Ortspositionen mit einer maximalen Abweichung von ungefähr 10 Metern. Für den Einsatz in der Stadt ist das nicht ganz ausreichend. Aktuelle Smartphones verfügen deshalb bereits über zusätzliche Navigationssysteme, die die Genauigkeit der Positionsbestimmung deutlich erhöhen. Durch die Überlagerung verschiedener Navigationssysteme wie Glonass (russisches GPS), BeiDou (chinesisch GPS) und bald auch Galileo (EU) wird die Präzision der Positionsbestimmung von 10 auf unter einen Meter extrem verbessert. Zukünftige AR Datenbrillen werden mit Sicherheit über mehrteilige Navigationshilfen zugreifen (müssen!).

Alleine dieser technische Aufwand ist oft nicht ausreichend genug. Im Dickicht der Großstädte kann das GPS von Hochhäusern „verschattet" werden. Dann wird über das mobile GSM Netz der AR-Datenbrille der genaue Standort ihres Trägers bestimmt. Noch mehr als jetzt schon wünschen sich dies Anbieter von Produktvergleichsportalen, zu denen auch im weitesten Sinne „Foursquare" oder Facebooks „Places" gehören, ein noch dichteres GSM Netz. Es erlaubt eine exakte Orts-Bestimmung oder noch besser die Geschäfts-Lokalisierung zum Beispiel eines Einzelhändlers. Mit ihr könnten dann im AR-Display spezielle Angebote entsprechend den Vorlieben des Brillenträgers oder seinen bisher gemachten Eingaben direkt eingeblendet werden.

Weniger ist mehr Durchblick

Erweiterte Realität bedeutet, dass zusätzliche Informationen zu ständig wechselnden Objekten angeboten werden. Insbesondere Träger einer AR-Datenbrille, die im Freien unterwegs sind, würden unzähligen Eindrücken ausgesetzt. Die Objekte würden ihn geradezu überfluten. Deshalb müssen sie von den anderen unterscheidbar sein. Diesen Vorgang nennt man „Eyetracking". Dazu werden – wie bereits erläutert – im Brillengestell in vielen Fällen kleine Kameras eingebaut, die die Pupillenausrichtung ermitteln. Der Schnittpunkt ihrer Blickachsen fixiert das Zielobjekt. Eine ähnliche Technik findet sich auch bei VR-Datenbrillen. Sie sind aber nicht ausschließlich auf ein solches System angewiesen. VR-Systeme bestehen neben der Brille und der Messeinrichtung für die Pupillen über mindestens

---

47 Laufweitenmesssystem des GPS: Für die genaue Ortsbestimmung durch GPS werden 24 Satelliten eingesetzt. Sie umkreisen die Erde jeweils einmal am Tag. Jeder von ihnen sendet ein ihn identifizierendes eindeutiges Zeit-Signal. Alle Satelliten sind synchronisiert. Aus den unterschiedlichen Positionen ergeben sich dadurch laufend veränderte Signal Laufweiten, die jedem Satelliten zu einem bestimmten Zeitindex eine bestimmte Position zuweisen. Mittels Triangulation kann aus diesen Daten für GPS Empfänger eine recht genaue Position ermittelt werden

einem Handcontroller. Mit ihnen zielt ein Spieler oder ein Produktdesigner auf das virtuelle Objekt. Ist es getriggert, das heißt markiert und ausgewählt, kann es anschließend gemäß dem Spiel oder dem digitalen Abbild eines Produkts manipuliert werden.

Der Vorgang des Eyetracking hat noch einen weiteren Vorteil. Durch das Zielen oder Triggern auf ein Objekt richtet sich die Aufmerksamkeit selektiv auf eben dieses eine Objekt. Man spricht hier in der Psychologie von Salienz[48]. Sie hat den positiven Effekt, dass die anderen Objekte nicht mehr als wesentlich wahrgenommen werden. Für sie werden deshalb zusätzliche Informationen nicht mehr benötigt. Das reduziert das Datenvolumen beträchtlich und erhöht damit die Performance von AR- und VR-Systemen[49].

Lage-, Bewegungs-, Positions-Sensoren und Eyetracking sind aber nur ein Teil der bald zur Verfügung stehenden Fühler und Aktoren. Forscher und Erfinder arbeiten schon jetzt an Smartclothes. David Eagleman stellte auf der TED-Plattform eine Weste vor, mit der taube Menschen „fühlend hören" können. Ein Mikrofon in einem Smartphone, Tablet oder einer Datenbrille zeichnet Töne oder Sprache auf und setzt sie in Vibrationen um, die nach etwas Training von einem Tauben verstanden werden – ein Verfahren analog zur Blindenschrift[50].

Die Kraft aus der Cloud

Die Steuerung all dieser Sensoren lässt erahnen, wie groß alleine der Rechenaufwand für eine Datenbrille ist. Da ein virtuelles System eine Kombination eines High-End Rechners und einer Datenbrille ist, übernimmt die externe Recheneinheit eines VR-Systems diese umfangreichen Kalkulationen. Das erzwingt in der Regel den stationären Betrieb solcher Systeme. Aus diesem Grund haben einige Hersteller portable Rechen- und Akkueinheiten konstruiert. Ähnlich einem Astronauten, der seine Ausflüge im All einem riesigen Back-Pack mit lebenserhaltenden Instrumenten und vor allem Sauerstoff verdankt, haben sie Rucksäcke mit hochperformanten Rechensystemen und starken Speicherzellen entwickelt. Sie vergrößern den Operationsrahmen für VR-Systeme[51].

---

48 Salienz ist der psychologische Effekt, wenn das buchstäbliche „schwarze Schaf" dem Betrachter einer Herde von lauter weißen direkt ins Auge springt!

49 Die Facebook Tochter Oculus Rift hat deshalb das dänische Unternehmen „The Eye Tribe" gekauft, das ein besonders fortschrittliches Eyetracking entwickelt hat, bei dem die Fokussierung der Fovea (Sehgrube) genutzt wird. https://www.golem.de/news/virtual-reality-oculus-uebernimmt-eye-tracking-startup-1612-125297.html

50 David Eagleman auf TED mit: „Can we create new senses for humans" im März 2015: https://www.ted.com/talks/david_eagleman_can_we_create_new_senses_for_humans/transcript?language=en

51 Das sind zum Beispiel: MSI Backpack PC VR One 7RE-083; Zotac ZBOX-VR7N70-W3B-BE PC-System; XMG Walker

Auf ein derartiges Rechner-Backup muss die augmented Reality Brille nicht zugreifen. Sie nutzt eine viel größere Computer-„Einheit": das Internet. Dafür muss eine geeignete, mobile, technische Infrastruktur geschaffen werden. Aber selbst die aktuelle vierte Generation (4G) LTE ist nicht ausreichend schnell genug dafür und zumindest in Deutschland nicht flächendeckend verfügbar. Deutschland hat sowohl bei der mobilen Internetversorgung als auch beim stationären Breitband im Vergleich zu anderen Ländern einen großen Nachholbedarf[52].

Nur 5G, das nächste mobile Telekommunikationssystem, wird genügend Performance besitzen, um beinahe verzögerungsfrei die Datenmengen zufriedenstellend verarbeiten zu können. Auf ein solches System wartet insbesondere die Industrie. Bei ihren vielschichtigen und umfangreichen Datenanwendungen, die in Verbindung mit der Industrie 4.0 zu erwarten sind, ist sie auf ein robustes, Hochgeschwindigkeits-Telekommunikationssystem angewiesen. Es ist die Basis für ihre ambitionierten Ziele. Dabei kommen neben den Maschinen vielfältige Sensoren und Aktoren dazu. Mit ihnen werden Umwelt- und Maschinen-Parameter ganzer Produktionsstraßen gemessen und mit den vor- und nachlaufenden Lieferketten ausgewertet und abgestimmt. Stimmen die Messdaten nicht mit den Parametern überein oder entsprechen beispielsweise die angelieferten Werkstücke nicht den Vorgaben, muss (selbst-)steuernd eingegriffen werden. Es kommen Aktoren ins Spiel. Aktoren sind aktive Sensoren, die von außen oder vom System selbst geregelt werden, Betriebszustände verändern und insbesondere mechanische Bewegungen ausführen können[53].

Die Mannigfaltigkeit industrieller Messungen und Steuerungen, wie sie für die digitale Transformation der Industrie notwendig ist, wird das Internet mit Daten überfluten[54].

Zumindest im industriellen Umfeld geben intelligente Softwarelösungen der Datenflut Struktur. Sie können die Maschinen- und Sensor-Daten ganzer Produktionsstraßen auswerten und grafisch übersichtlich aufbereiten. Anschließend kommt es zum Datenaustausch mit dem „Enterprise Ressource Planning" (ERP)-System zum Beispiel mit SAP. Dadurch ist

---

52 Statista zitiert hier am 13. März 2017 State of the Internet von Akamai. Danach nimmt Deutschland weltweit nur den 25. Platz bei der Versorgung mit Breitband Internet ein. https://de.statista.com/infografik/1064/top-10-laender-mit-dem-schnellsten-internetzugang/. Es werden nur 14,6 Mps im Durchschnitt erreicht, dabei liegen 14 europäische Staaten vor der Bundesrepublik.

53 Beschreibung von Sensoren und Aktoren durch Fraunhofer Institut: http://www.iap.fraunhofer.de/de/Forschungsbereiche/Funktionale_Polymersysteme/Sensoren_und_Aktoren.html

54 LT. Statista könnten bis zum Jahr 2020 bis zu 20 Milliarden IoT Einheiten vernetzt sein: https://de.statista.com/statistik/daten/studie/537093/umfrage/anzahl-der-vernetzten-geraete-im-internet-der-dinge-iot-weltweit/ (Es könnten aber auch noch deutlich mehr werden, wenn die Preise für die IoT Systeme und Datenbrillen sinken, ihre Akkuleistungen gesteigert und der Zugang zum Internet leistungsfähiger werden würde.)

eine umfassende Kontrolle und Steuerung sowohl der Produktion als auch der wirtschaftlichen Betriebsprozesse möglich.

In diesem Bereich nimmt Deutschland nicht nur wegen des Walldorfer Weltunternehmens eine führende Stellung ein. Im Fokus ist dabei der Koordinatenpunkt eines Industrie 4.0-Unternehmens, das seine Produktion selbst und seine Stellung im Liefer-Fertigungsprozess definiert. Innovative Technologien erlauben ein strukturiertes Management dieser vertikalen[55] und horizontalen[56] Achsen. Deutsche Mittelständler wie „riskmethods"[57] oder „tomorrowlabs"[58] vermitteln nicht nur eine holistische Sicht auf solche Prozesse, sondern sie liefern überlebenswichtige Informationen über Lieferrisiken und Fertigungsprobleme an weltweiten Standorten über mehrdimensionale Lieferketten hinweg aus. Dabei werten sie alle Sensor- und Aktoren-Daten einer Produktionsstraße aus.

Zu dieser Unzahl an Messfühlern in der Industrie werden in Kürze immer mehr smarte Haussensoren und intelligente Haushaltsgeräte stoßen. Die Haussensoren messen Raumtemperatur, Feuchtigkeit und Lichteinstrahlung und regeln die Zugangskontrolle. Aus der Ferne kann damit der Energieverbrauch eingestellt und vor Ort für das individuelle Wohlbefinden gesorgt werden. Intelligente Kühlschränke, Ofen- und Herdanlagen übernehmen beinahe selbständig Haushaltsaufgaben. Kühlschränke bestellen Milch und Aufschnitt auf Grund des Verbrauchs automatisch nach und der Backofen schaltet sich mit definierter Temperatur ein, um die Pizza zur Ankunft der Hausbewohner fertig zu backen[59]. Möglich wird dies, weil all diese kleinen Helferlein zunehmend netzwerkfähig werden. Ihre Steuerung wird remote aus der Ferne über das Internet über PCs, Apps im Smartphone oder über die AR-Datenbrille erfolgen.

---

55 Vertikale Achse eines Unternehmens: Ist die Prozessbeschreibung der Produktion eines Produktes innerhalb eines Unternehmens beginnend bei der Planung und F&E → über die Produktion → über die Lagerhaltung → über die betriebliche Steuerung → bis schließlich zur Vermarktung durch Marketing und Verkauf.

56 Horizontale Achse eines Unternehmens: Beschreibt die Stellung eines Unternehmens innerhalb eines Liefer- und Produktionsprozesses zum Endkunden hin. Also von der Rohstoffgewinnung → über die verschiedenen Lieferketten und Fertigungsebenen → bis zur Endfertigung und Auslieferung eines Produkts beim Endkunden.

57 www.riskmethods.net: Automatisiert ermittelt Riskmethods in Echtzeit Gefährdungspotentiale weltweiter, mehrdimensionaler Lieferketten und Standorte. Gleichzeitig bewertet Riskmethods das potentielle Schadensausmaß und gibt Handlungsanweisungen, die die Lieferfähigkeit eines Unternehmens sichern.

58 www.tomorrowlabs.io: Tomorrowlabs erfasst, verarbeitet und visualisiert automatisch Maschinendaten unterschiedlichster Hersteller und übernimmt Steuerungsfunktionen, wie zum Beispiel Engineering- und Wartungs-Apps sowie Echtzeit-Monitoring. Gängige ERP Lösungen werden unterstützt, um abteilungs- und unternehmensübergreifende Prozesse zu optimieren und zu automatisieren.

59 Schon Anfang der 1990er Jahre haben europäische Unternehmen innerhalb der ›European Installation Bus Association‹ (Eiba) einen solchen Lösungsansatz entwickelt. Unter anderem war hier Siemens mit Instabus bereits aktiv.

8 Tracking und Tracing

Folgen auf Schritt und Tritt

„What you see is what you get" (WYSIWYG) hat als Industrie-Argument immer noch ziemliches Gewicht. Wenn es für Drucksoftware und -hardware-Hersteller ein Leistungsversprechen ist, so ist es dies noch mehr für AR/VR und MR. Bei einem Layout, einem Bild haben die sichtbaren Gegenstände eine feste Größe. Verändere ich beispielsweise die Bildgröße, indem ich sie mit einer Software gleichmäßig an einer der Bildecken auseinanderziehe, so hat dies in diesem Bild keinen Einfluss auf die Größenverhältnisse der Objekte zueinander. Sie bleiben gleich, sie sind nur größer geworden. Bei AR/VR und MR[60] verfügen die Bezugsgrößen der Objekte über eine eigene Dynamik. Sie sind abhängig von der Position des Beobachtenden. Verharrt er, dann wirkt das Bild, das er beispielsweise durch seine Datenbrille sieht, wie ein Foto. Sobald er sich jedoch mit seinem Smartglass bewegt, entwickeln diese Objekte eine Art Eigenleben. Das Licht, der Betrachtungswinkel ändern sich, Gegenstände werden größer oder kleiner und neue Details werden sichtbar. All dies sind Vorgänge, die mit dem Tracking[61] zusammenhängen.

Prinzipiell geht es beim Tracking um Objekterkennung in einem Videostream. Notwendig dazu ist eine Kamera, die die Bild- oder die Videodaten zur Weiterverarbeitung an einen Computer schickt. Von dort werden sie dann wieder an das Ursprungssystem zurückgesendet. Eine Datenbrille ist für den Vorgang der Ein- und Ausgabe nicht unbedingt immer erforderlich. Hierfür kommen auch Smartphones und Tablets bei AR in Frage. Entscheidend ist, dass Objekten eindeutig bestimmte Eigenschaften und Informationen zugeordnet werden können. Nur dadurch können sie auch im Zeitverlauf weiterverfolgt werden. Diesen Vorgang nennt man „Tracing"[62].

Anfangs mussten diese Objekte, um sie zu identifizieren, optisch ausgezeichnet oder (ge-)mark(i)ert werden. Diese Auszeichnungen erleichtern es der Software in einem AR- oder VR-System Gegenstände herauszufiltern. Dafür eigneten sich besonders kleine schwarz-weiße Bildchen, die im Datenstrom der Bildaufzeichnung leicht zu identifizieren sind. Sie werden

---

60 Mixed Reality (MR) wird hier zunächst nicht weiter erwähnt, weil diese Systeme erst viel später verfügbar geworden sind.

61 Tracking ist die zentrale Eigenschaft eines AR/VR- und MR-Systems. Es bestimmt, wie wir etwas in diesen Realitäten wahrnehmen. Gegenstände, Objekte, ja auch Personen werden durch Tracking „gekennzeichnet", also „markiert". Durch Tracking werden Objekte erkannt, denen bestimmte Eigenschaften eindeutig zugesprochen werden können. Sie werden identifiziert.

62 Mit Tracing ist die Nachverfolgung von Objekten über Zeiträume gemeint.

an besonders sichtbaren Stellen des Objekts angebracht, so dass sie leichter vom seinem Rest unterscheidbar sind und von der Software verarbeitet werden können. Damit ist das Objekt registriert[63].

Wohl einer der ersten Marker nennt sich „Data Matrix"[64] und wurde bereits in den 80ern in den USA entwickelt. Noch heute wird er in der Industrie erfolgreich eingesetzt. Kaum ein Produkt kommt ohne diesen 2D Code aus. Data Matrix finden sich zum Beispiel sowohl im Innern eines Elektronikbauteils als auch am Gehäuse, wo es zur Produktbezeichnung verwendet wird.

Eine besondere Form des Tracking-Markers sind QR Codes. Mit einem Device wie einem Smartphone und geeigneter Software wie QR-Droid[65] (Android) wird ein Foto des QR Codes gemacht, das dann zu einer bestimmten Website[66] führt, oder im Rechner zu einer VCard Adresse umgewandelt wird. Diese schnelle Umwandlung gab dem Code seinen Namen. QR steht für „Quick Response" Code.

QR Codes sind vermutlich die ältesten AR-Tracking-Codes für jedermann. Obwohl wir ihnen im Alltag beinahe überall begegnen, können sie ihre industrielle Herkunft nicht verleugnen. Drei Wissenschaftler von Denso Wave (Masahiro Hara, Motoaki Watabe, Tadao Nojiri) und zwei von Toyota (Takayuki Nagaya, Yuji Uchiyama) entwickelten sie bereits Mitte der 90er Jahre. Denso Wave selbst ist eine Tochter des großen japanischen Autozulieferers Denso Corporation und der Name Toyota spricht für sich selbst. Mit den QR Codes wollten die Entwickler das Identifizieren oder Labeln von Autokomponenten im Lager oder während der Produktion erleichtern. Heute benutzt man sie zum Einkaufen[67] oder um sich über ein Produkt in einem Shop durch einen QR mittels eines Smartphones mit dem Internet zu verbinden und anschließend dort über die Produkteigenschaften zu informieren.

Andere sichtbare Marker basieren auf elektronischen Beacons (Leuchtfeuer) und Tags (Etikett oder auch Signatur von Graffiti-Sprayern). Sie werden den Objekten buchstäblich

---

63 Registration ist die Zuordnung von Eigenschaften zu einem Objekt, wie Größe, Gewicht, Farbe, Verwendung usw.

64 Data Matrix: de.wikipedia.org/wiki/DataMatrix-Code

65 www.qrdroid.com

66 QR Code der Web-Adresse der Agentur inter-link. Erstellt mit www.qrcode-monkey.de

67 2011 führte der britische Einzelhandelskonzern Tesco in Südkorea das Einkaufen mit QR Code mit dem Home Plus Service ein. Kunden können in U-Bahnhöfen an großen Billboard Tafeln Produkte bestellen, indem sie mit ihren Smartphones die neben den Produktbildern angebrachten QR Codes einscannen, damit bestellen und dann nach Hause liefern lassen.

angehängt. Beim Tracking-Vorgang werden die Daten, die das Objekt beschreiben, aus den Beacons ausgelesen. In einem WLAN erleichtern sie die Ortsbestimmung der Objekte durch Triangulation[68]. Andere Marker sind nicht sichtbar, aber auch nicht unsichtbar. Bei ihnen wird für das menschliche Auge unsichtbare Farbe aufgetragen. Infrarot- oder UV Licht beleuchtet sie und macht die Marker für Kameras sichtbar. Selbst chemische Markierungen werden eingesetzt.

Obwohl Marker noch sehr verbreitet sind, wird zunehmend „markerlos" getrackt. Das Fraunhofer-Institut für physikalische Messtechnik (Fraunhofer IPM) hat ein Verfahren entwickelt, bei dem die Oberflächen unterschiedlichster Objekte, seien sie aus Kunststoff, Lack, Metall oder anderen Materialien, in ihrer Beschaffenheit mikroskopisch analysiert und bestimmt werden. Besonderes Augenmerk richten sie dabei auf die verschiedenen Farbschichten, die auf Mikroebene aus einem sehr spezifischen Muster bestehen. Daraus bestimmt das Fraunhofer Institut einen individuellen numerischen Code, der in der Prozess-Datenbank hinterlegt wird. Das Objekt wird dadurch eindeutig durch eine ID identifizierbar und trackbar gemacht. Taucht ein solches Bauteil im Produktionsprozess erneut auf, so kann es leicht den hinterlegten Daten zugeordnet werden[69].

Ein fremdes Objekt, das noch nicht eindeutig durch das Fraunhofer System bestimmt ist, würde vermutlich gestoppt werden. In einer Produktionsstraße würde das Fließband anhalten. Denn das Objekt ist nicht „registriert" und es liegt keine ID vor.

Bis das Pferd galoppiert

Deshalb kommen zukünftig beim Tracken und Tracen von virtuellen und realen Gegenständen im AR- und MR-Bereich des Massenmarkts andere Technologien zum Einsatz. Das ist zunächst GPS oder WLAN, um die Position des Datenbrillenträgers, eines Displays, eines Tablets und eines Smartphones zu berechnen. Lagesensoren legen ihre Ausrichtung fest. Ist dies geschehen, bestimmen mittels der Kamera ausgeklügelte Bild- und Muster-Erkennungsverfahren in der Brille oder im Smartphone die Gegenstände, die im Display zu sehen sind oder von der Person wahrgenommen werden können.

Faktoren wären hier, Ort, Form, Größe, Entfernung, Lichteinfall, Farbe, Personen und anderes. Durch die Analyse der Faktoren erkennt das System zunächst, was zu sehen sein könnte. Ergeben sie, dass man sich in Koblenz befindet und sieht man zu seiner rechten und zu seiner

---

68 Triangulation kommt ursprünglich aus der Geodäsie (Landvermessung) und der Navigation auf See. Dazu reicht ein Signalpunkt (Beacon) und zwei Fixpunkten zum Beispiel ein Router und ein Repeater.

69 Das Fraunhofer Institut für physikalische Messtechnik (IPM) http://www.ipm.fraunhofer.de/de/gf/produktionskontrolle-inlinemesstechnik/anw/rueckverfolgbarkeit.html

linken jeweils einen Flusslauf, der in einem Strom endet, steht man mit großer Wahrscheinlichkeit am „Deutschen Eck". Der Ort und die Position wurden registriert. Bei einer Drehung um 180° Grad würde dann ein gewaltiger Steinsockel mit einem bronzenen Reiterstandbild sichtbar.

Nach Ermittlung durch ein Computersystem in der Brille, im Tablet oder remote durch ein Cloudsystem könnte als zusätzliche Information „Reiterstandbild des Kaiser Wilhelm I, größtes der Welt im 19. Jhd. usw." eingeblendet werden[70]. Weitere Daten könnten nun auf dem Schirm sichtbar werden. Sie ergeben, wie weit der Datenbrillenträger von den Stufen des Sockels entfernt ist. Daraus können nun weitere Schlüsse gezogen werden. Durch den Vergleich mit vorhandenen Informationen über das Deutsche Eck kann das AR- oder MR-System nun ein virtuelles Objekt in dieses Szenario einfügen. Passt es in Farbe, Größe und Form maßstabsgerecht und verhält es sich entsprechend den physikalischen Gesetzen und der menschlichen Erfahrung, dann würde das virtuelle Objekt beinahe mit der Szene verschmelzen.

Wie überraschend wirklichkeitsgetreu dies gelingen kann, zeigt ein Pepsi Cola Spot[71] aus dem Jahr 2014. Zwar entbehrt dieses Beispiel der Dynamik eines Datenbrillen- Systems, aber selbst die aktuellen Modelle sind noch nicht in der Lage den festgefügten Parametern ihrer definierten AR-Umgebungen zu entkommen. Wir werden noch etwas warten müssen, bis das Pferd Kaiser Wilhelms vom Sockel springt, durch den Rhein watet und sich in den Gemüsegärten von Niederwerth den Bauch vollschlägt – aber es wird nicht mehr allzu lange dauern!

70 Daten aus einem Radiobeitrag des Deutschlandfunks vom 2. September 2008: http://www.deutschlandradiokultur.de/kaiser-hoch-zu-ross.932.de.html?dram:article_id=130187

71 Dieser Spot zeigt eine Bushaltestelle, in deren seitliche Wand ein AR Display System eingebaut wurde, das die Wartenden in der Bushaltestelle unterhält und überrascht . Es ist einer der erfolgreichsten AR Spots. Seit seinem Upload am 20. März 2014 wurde er schon fast 7,8 Millionen Mal aufgerufen (Stand März 2017): https://www.youtube.com/watch?v=Go9rf9GmYpM

9 Industrie nicht nur 4.0, sondern ganz viel IoT

Nirgendwo wird die Bedeutung von AR und VR sichtbarer, als durch die Anstrengungen, mit der die Wirtschaft diese Technologien in ihren Produktionsprozessen zur Anwendung bringen will. Die Kombination von AR/VR und dem neuen Internet-Adressstandard IPv6 ermöglicht die Vernetzung und Gestaltung großer Maschinensysteme - nicht nur in der eigenen Produktion, sondern schon in der Teilfertigung der vor- und nachgelagerten Lieferketten. Sogar das über ein Jahrhundert erfolgreiche und für Effizienz stehende Fließband zum Beispiel in der Automobilindustrie droht durch die digitale Transformation der Produktion auf das Abstellgleis veralteter Produktionstechnologien zu rollen. Der Autohersteller Audi hat Ende 2016 angekündigt, seine PKWs zukünftig nur noch an Montageinseln zu produzieren. Die Fließbandproduktion hat als Eckpfeiler der Industrie bald endgültig ausgedient. Die Ingolstädter verlassen die schwerfällige lineare Fabrikation zugunsten einer dezentralen, vernetzten und letzten Endes einer wahrscheinlich modellunabhängigen Produktion.

Niemals mehr: „... solange sie nur schwarz ist," (Automobilindustrie)

Der berühmte Ausspruch Henry Fords erklärt den überwältigenden und fortwährenden Erfolg seiner und der gesamten Automobilproduktion im 20. Jahrhundert – bis jetzt. Doch schon bald reichte das erste starre Konzept nur für die Farbgebung des berühmten Ford T-Modells. Neue Modelle, der Wunsch nach Komfort und der Wunsch der Kunden nach individuellen Lösungen rangen den Produzenten Zugeständnisse ab. Aber jedes Extra muss in den Produktionsablauf eingeplant werden und verlängert ihn. Dies ist außerdem mit Kosten verbunden, die sich aus dem zeitlichen Mehraufwand für den Einbau und aus den Produktionsverzögerungen der nachfolgenden Produktion ergeben.

Der Ingolstädter Autoproduzent Audi hat deshalb für das Modell R8 beschlossen, dass dessen Montage nicht mehr starr und linear am Band, sondern parallel, flexibel und quasi individuell umgesetzt werden soll. Die Anlieferung der vorgefertigten Einzelteile endet nicht mehr an einem fixierten Punkt einer Produktionsstraße, sondern sie kann Abkürzungen nehmen. Sie umgeht damit Wartezeiten an verschiedenen Produktionspunkten, die den Zusammenbau von Tagesproduktionen durch den Einbau von Kundensonderwünschen verlangsamen - ein Stillstand wie vor einer roten Ampel. So könnte dann die Standardausführung des A4 die Sonderausführung des gleichen Modells mit ihren vielen Extras durch den Zusammenbau an einer Montageinsel daneben überholen. Audi spricht deshalb von einer „modularen Montage"[72].

---

72 Audi Pressemappe zu „Audi Smart Factory" vom 17. November 2016: www.audi-mediacenter.com/de/pressemappen/audi-techday-smart-factory-7008

Dazu müssen alle beteiligten Maschinen untereinander und mit den „Just-in-Time" Lieferungen kommunizieren und sich laufend Maschinendaten, Auslastungszustände und Fertigungsfortschritte versorgen. Ein hochkomplexer Vorgang, der den Informationsaustausch mit den Lieferanten, Spediteuren und Kunden in Echtzeit miteinschließt. Des Weiteren muss auch das wirtschaftsbetriebliche Management, also die ERP-Steuerung, mit dem Datenstrom verbunden sein. Diese so genannten Produktionsleitsysteme oder „Manufactoring Execution System(s)" (MES)[73] sind das Rückgrat einer derartigen Organisationsstruktur und die Voraussetzung für eine Industrie 4.0 Produktion.

Die Überprüfung erfolgt dann an der Mensch-Maschine-Schnittstelle, die vermutlich eine AR Datenbrille[74] sein wird, aber auch ein Tablet oder ähnliches sein kann. Der Mitarbeiter sieht dort beispielsweise, ob das vom Roboter an der Montageinsel eingebaute Sitzmodul, zu den Ausstattungsvorgaben der Bestellung passt. Seine AR-Brille zeigt ihm den Wartungszustand eines Roboters oder einer einfachen Maschine an. Geht es um eine Servicedienstleistung oder gar um eine Reparatur, dann werden dem Techniker live die nächsten Serviceschritte und Bedienungsanleitungen für einen möglichen Teileaustausch eingeblendet. Zum Einsatz können bei diesen Vorgängen gleichwohl Full AR/MR[75] oder Head Mounted Displays als „Video Through" (samt Kamera)-Datenbrillen kommen.

Beim ersten Typ könnte der Datenfluss vollautomatisch erfolgen, jedoch muss sich der damit ausgestattete Techniker in das firmeneigene Netzwerk einfügen und interne Daten-Quellen oder -Ressourcen anzapfen, was möglicherweise sicherheitsrelevante Bereiche tangieren kann. Die Video Through-Brille hingegen macht der IT Sicherheit weniger Kopfzerbrechen. Sie greift nicht in unternehmenskritische Anwendungen ein, da sie mangels Betriebssystem und Datenspeicher nur über das Internet online mit einem externen Spezialisten oder Experten-System kommunizieren kann. „Auf den ersten Blick mag dies als ein Nachteil erscheinen, aber aus Compliance-Gründen können andere HMDs oder Datenbrillen mit einem OS System gegen IT-Richtlinien der Unternehmen verstoßen. Gerade dieser Punkt macht den (Brother) Airscouter im industriellen Umfeld für große Unternehmen besonders attraktiv. Es ist ein reines Ausgabegerät (- ohne Kamera)", erklärt Lars Blanz[76], Product Manager bei Brother die Vorzüge eines reinen Ausgabe HMDs. Ähnlich sieht dies auch Dr. Ullrich

---

[73] Ein Manufactoring Execution System ist das Bindeglied und der Koordinatenschnittpunkt zwischen innerbetrieblicher Steuerung (vertikale Produktion) und horizontaler Betrachtung des gesamten Fertigungsprozesses von der Rohstoffgewinnung bis zur Kundenauslieferung.

[74] Zum Beispiel bei der Autohimmel Produktion der Schnellecke GmbH mit Google Glass veröff. am 2. Januar 2017: www.youtube.com/watch?v=lPEFv4GaRpI

[75] Mit eigener Rechnereinheit und Betriebssystem.

[76] Siehe im Anhang: Das Interview mit Lars Blanz von Brother International

Bockholt vom Fraunhofer IGD: „Ein sicheres AR-System ist dann nur noch ein Webbrowser, also nicht mehr als ein reines Anzeigegerät, das allenfalls mit einem minimalistischen Interface für die Darstellung der Informationen nutzbar ist". Aber egal welche Brille eingesetzt wird, mit der modularen Montage trägt Audi damit auch der Kundenforderung nach mehr Individualisierung Rechnung, denn theoretisch könnten selbst ausgefallenste Extras noch während der Produktion des Autos „just in time" eingebaut werden.

Automodelle der Oberklasse können aus Millionen von Ausstattungsvarianten bestehen. Die Standard Stangenware hat demnach ausgedient. Doch das Bedürfnis spezielle Kundenwünsche zu erfüllen, treibt Audi nicht an. Das Unternehmen verspricht sich „....eine bis zu 20 Prozent höhere Produktion", wie sie in seiner Pressemappe vom November 2016 mitteilt[77]. Ergänzend zur Steigerung der Produktion soll die „Modulare Montage" den Mitarbeiter vom strammen Takt des Fließbandes befreien. Jedes Modul, oder jede Montageinsel hat seinen eigenen Rhythmus. Er richtet sich in seiner Fertigungsgeschwindigkeit auch nach der persönlichen Arbeitsleistung der Person, die sie betreut.

Je kommunikativer desto smarter

Diese etwas ausführlichere Beschreibung zeigt, wie schnell sich die neuen Produktionsprozesse entfalten. Voraussetzung dafür ist neben dem Einsatz von AR- und VR-Brillen eine smarte und umfassende Netzstruktur. Zu jeder Zeit müssen Daten zu Temperatur, Druck, Zustand und Entwicklungsfortschritt eines Produktes in beinahe Echtzeit verfügbar sein. Das stellt außerordentliche Anforderungen sowohl an das Netz der Produktionsstätte, als auch an die übergeordnete Beschaffenheit des Internets selbst. Alle Stufen der Produktion müssen eingebunden sein. Die Lieferketten müssen untereinander kommunizieren, die Logistik den Lieferstatus melden, Service und Support den Zustand der Maschinen permanent überwachen und regeln. Stimmen „Soll und Ist Werte" oder andere Parameter nicht, greifen die „Aktoren" ein und erhöhen die Temperatur oder regeln ein Ventil. Muss sogar ein Mensch eingreifen, dann zeigt ihm seine Datenbrille kontextbezogen, welche Schraube „locker" ist.

Doch schon im Vorfeld bei der Prozessplanung kommen virtuelle Technologien zum Einsatz. Sie sind die Basis, um eine Produktion für die digitale Transformation vorzubereiten und prozeduralen Abläufe im Rechner durchzuspielen. Gleichzeitig ermöglicht VR die Zusammenarbeit von Teams auch jenseits enger Firmengrenzen. Dadurch ergeben sich erstaunliche Sparpotentiale. War die Konzeption einer Produktionsstraße in der Vergangenheit zeitaufwendiger, weil ihre Planung von ortsgebundene Spezialisten abhängig war, können die Planungsdaten heute direkt in 3D umgewandelt und als virtuelles Double moduliert

---

[77] Aus dem PDF des AudiDatenlinks: Audi Techday smart Factory 7008 vom 16. November 2016: S. 3: www.audi-mediacenter.com/de/audi-techday-smart-factory-7076/download

werden. Lange vor ihrer Verwirklichung und ihrem realen Einsatz simuliert man so verschiedene Anwendungsszenarien[78]. Unabhängig voneinander operierende Teams können die Ergebnisse der anderen Arbeitsgruppen bei sich in die Planung einpflegen, so dass am Ende eine ganze Produktionsstraße virtuell im Rechner kollaborativ entsteht und mit einer VR Datenbrille „begehbar" wird. Etwaige Probleme können dabei en passant schon im Vorfeld bei den Simulationen gelöst werden. Sonderwünsche und Erweiterungen können so bis kurz vor dem realen Bau einer Produktionsstraße berücksichtigt werden.

Produktevolution im Zeitraffer

Doch die digitale Transformation erfasst gleichermaßen Roboter und Maschinen. Bei ihrer Entwicklung im Labor werden bei diesem Prototyping AR/VR und auch MR[79] Technologien eingesetzt. Die Konzeption erfolgt vielleicht noch klassisch am PC. Nach Umrechnung in ein 3D Modell sind sie in der AR/VR-Welt verfügbar. Damit kann schon zu einem frühen Zeitpunkt ausgetestet werden, ob ein virtuelles Modell sich auch im Einsatz in der realen Welt bewähren könnte. Kommen die Teams zu einem positiven Ergebnis wird der nächste Schritt eingeleitet. Die Daten werden an einen 3D Drucker geschickt und verwandeln ein virtuelles Modell in ein reales. Auch hier sind die Einsparpotentiale außerordentlich. Sie betreffen nicht nur die Kosten für das Versuchsmodell selbst. Sie können im Verhältnis zum traditionellen Prototyping bei zirka einem Prozent liegen, sondern insbesondere die Fähigkeit eines dezentralen Expertenteams, bei gleichem finanziellen Aufwand und einer außerordentlichen Zeitersparnis unter etwa 30 verschiedene Prototypen die beste Modellform zu finden[80]. Diese kann sich dann in anschließenden Simulationen bewähren und mit anderen „Prototypen" virtuell interagieren. Betrachtet man das Ergebnis der Smartworker Studie 2017, dann ist es vielen Entscheidern in den Unternehmen bewusst, welches Potential in den neuen Techniken steckt.

Minimale Voraussetzung dafür ist, dass die Daten tatsächlich in 3D vorliegen. Professor Dr. Engelbert Westkämper, ehemaliger Leiter des Fraunhofer-Instituts für Produktion und Automation (IPA), sieht hier gerade Nachholbedarf. Für den ehemaligen Leiter des Fraunhofer Instituts für Automatisierung und Produktion ist 3D noch bei vielen Mittelständlern

---

78 Autohersteller Ford setzt in seiner Entwicklungsabteilung seit 2015 VR-Technologien ein und verbindet dafür weltweit Arbeitsgruppen 10. Aug. 2015: www.youtube.com/watch?v=FtPrWcELlUc

79 Volvo setzt hier auf Microsoft HoloLens 20. Nov. 2015: www.youtube.com/watch?v=IG_esBB6HEU

80 Ford setzt schon seit Ende der 80er Jahre 3D Drucker ein. Viele Motor-Teile des Ford Mustang Modells aus dem Jahr 2013 sind so entstanden. Das Unternehmen konnte die Kosten für die Teile Entwicklung (hier Muldenformen) von 500.000$ auf 3.000$ und die Entwicklungszeit von vier Monaten auf vier Tage reduzieren 12. Dez. 2013: media.ford.com/content/fordmedia/fna/us/en/news/2013/12/12/ford_s-3d-printed-auto-parts-save-millions--boost-quality.html

in Deutschland noch gar nicht angekommen. Ausnahme ist der Automobilbau: „"…Hier ist 3D ein wesentlicher Bestandteil des Konstruktionsprozesses". Der deutsche Mittelstand ist jedoch noch nicht so weit. Nach Einschätzung Professor Westkämpers ist ein Haupthindernis, dass „…etwa 80 Prozent der Konstruktionsarbeiten in deutschen Unternehmen immer noch in 2D und nicht in 3D laufen!"[81].

Auch eine Studie des Bitkom vom 20. März 2017 legt einen ähnlichen Befund nahe. Zwar sehen 42 Prozent der befragten Unternehmen, dass Industrie 4.0 ein wichtiges Geschäftsfeld ist. Weitere 27 Prozent sehen, dass diese Transformation in den nächsten beiden Jahren wichtig werden wird. Mit der gleichen Prozentzahl erwartet eine skeptischere Unternehmensgruppe, dass der Wandel in den kommenden drei bis vier Jahren[82] kommen wird. Konterkariert werden diesen Zahlen durch ein paar Präsentations-Slides in der Studie: 49 Prozent mittelständischer Chefs können mit dem Begriff „Industrie 4.0" gar nichts anfangen[83].

---

81   Siehe das Interview mit Prof. Dr. Engelbert Westkämper im Anhang.

82   BitKom Charts Industrie 4.0 – Chancen und Perspektiven für Anbieter 20. März 2017 Slide3: www.bitkom.org/Presse/Anhaenge-an-PIs/2017/03-Maerz/Bitkom-Charts-Industrie-40-20-03-2017.pdf

83   Ebenda auf Slide 5

10 Security by Design

Kein Wunder, dass sich die digitale Transformation in deutschen Unternehmen nur schleppend vollzieht. Dies könnte daran liegen, dass die Unternehmen erst einmal abwarten, welche Plattform und Technologie sich durchsetzt. Denn es gibt eine Fülle von Meldungen, aber keine eindeutige technologische Tendenz. Versucht man durch eine Internetrecherche Klarheit zu gewinnen und gibt als Suchwort „Industrie 4.0" in die „Google-Alert" Funktion ein, dann erhält man an einem Tag acht allgemeine Meldungen[84]. Davon zeichnen zum Stand der digitalen Transformation in Deutschland drei ein positives Bild und zwei ein beunruhigendes Bild.

Dazu kommt, dass viele Unternehmen noch nicht genau wissen, wie sie ihre Produktion digitalisieren, für welche Technologie und für welche Industrie-Plattform sie sich entscheiden sollen. Die meisten deutschen Unternehmen sind zwar überzeugt, dass es zur Industrie 4.0 und der damit einhergehenden digitalen Transformation keine Alternative gibt[85], aber zum anderen sind sie unsicher, wie sie ihr Unternehmen, ihre Produktion zukunftsfähig halten und es beispielsweise gegen Cybergefahren absichern können.

„Wir sind der Auffassung, dass die Digitalisierung der Wirtschaft, des Staates und der Behörden aber auch des privaten Anwenders nur dann erfolgreich sein kann, wenn Cybersicherheit gewährleistet ist", konstatiert Stefan Rojacher, Corporate Communications Manager DACH[86] bei Kaspersky Labs. Beim Aufbau der IT Infrastruktur nicht nur für AR/VR sollte ein „Security by Design"-Ansatz in den sicherheitssensiblen oder in den unternehmenskritischen Bereichen bei Krankenhäusern, bei Autos, in der Energiewirtschaft und in der Industrie von Anfang an mitgedacht werden.

Egal, ob es sich um AR/VR-Datenbrillen oder IoT-Devices in der Produktion handelt, oder ob sie einen Enduser begleiten oder eine Fabrik steuern, die Sicherheit in den virtuellen Welten, sei es unterwegs oder auf einer Produktionsstraße, wird für den Erfolg bestimmend sein. Denn die Bedrohungslage ist eine völlig andere als in den PC-Generationen davor.

---

84 Google Alert des Autors zu Industrie 4.0 am 15. Apr. 2017. Der Alert liefert darüber hinaus noch eine Meldung zu einem Forschungsprojekt, drei Stellenanzeigen, eine Meldung zu einem Buch, eine Meldung zur neuen Ausbildungsverordnung für Metall-Verfahrensmechaniker, eine zum Lizenzmanagement, drei Meldungen zu Technik und Installation.

85 Lt einer Studie von Forrester Research: Forrester Wave -The Forrester Wave: IoT-Softwareplattformen, Q4- 2016; 15. Nov. 2016 S.2: Nach der Studie haben weltweit 25 Prozent IoT bereits im Einsatz und 27 Prozent in Planung, weitere 27 Prozent haben Interesse

86 Deutschland (D), Österreich (A), Schweiz (CH), also DACH zusammengelesen. Variante: Germany, Austria, Switzerland (GAS

Die ersten Computerviren tauchten in der ersten Welle so genannter „Persönlicher Rechner" Mitte bis Ende der 80er Jahre auf. Die zweite Generation sah sich durch die Vernetzung mit dem Internet und seinen Services wie Web, Email, FTP oder Social Media bedroht. In der „3rd Wave"[87] (des Personal Computing) stehen Enduser und Firmen vor einer neuen Herausforderung: Der Verschmelzung realer mit virtuellen Daten als Schnittpunkt eines „cyber-physischen Systems". Der Mensch wird dadurch zu einem aktiven Teil der virtuellen Welt.

In der Vergangenheit haben sich Unternehmen zuerst für eine Technologie entschieden und dann überlegt, wie man sie sicher macht. Andere Vorgehensweisen waren auch nicht notwendig. Nun müssen die Unternehmen allerdings umdenken. Im Zuge der digitalen Transformation sind sie gezwungen, entweder ihren alten Maschinenpark zu ersetzen oder aus ihrer alten Technik Daten zu gewinnen und sie netzwerkfähig und internetbereit zu machen[88]. Software wird der bestimmende Faktor für die Zukunftsfähigkeit der Unternehmen.

Verfolgt man einen IT Sicherheitsansatz wie „Security by Design", dann muss diese Konzeption alle Bereiche des Unternehmens sowie den vor- und nachgelagerten Daten- und Warenverkehr einschließen: Zu Anfang würde ein Unternehmen einen Security Stress Test, einen so genannten Penetrationstest (PenTest) durchführen. Außerdem müssten die Mitarbeiter ebenfalls auf ihre Erfahrungen und Kenntnisse in Sachen Sicherheit und Schutz unternehmenskritischer Anwendungen getestet und eventuell geschult werden.

In einem nächsten Schritt wird dann jeglicher Informationsaustausch der beteiligten IoT-Entitäten an Maschinen und auch der beteiligten Menschen untersucht. An welchen Prozessen sind sie im Unternehmen beteiligt, wie und auf welchem Weg geben sie ihre Information weiter und wer von den Mitarbeitern darf auf sie zugreifen. Dazu müssen IoT-Devices selbstverständlich passwortgeschützt sein, über VPN-Kanäle mit anderen kommunizieren und letzten Endes in den Unternehmen vom normalen Datenaustausch getrennt gehalten werden. Nur das entsprechend geschulte und autorisierte Personal darf Zugang zu diesem fast geschlossenen Netzwerk erhalten.

Deshalb müssen Unternehmen und wohl auch Enduser die Sicherheit ihrer vernetzten Geräte ganz anders denken. Der Nutzer einer Datenbrille sollte die Zugriffsmöglichkeit auf sie – wenn überhaupt – auf nur ganz wenige Apps beschränken. Wird die Brille im Unternehmen eingesetzt, könnte es vielleicht sinnvoll sein, auf Apps sogar ganz zu verzichten.

---

87 Sogenannte „3rd Wave-Threats" Bedrohungen, die durch die Verschmelzung realer und virtueller Inhalte entstehen können.

88 Das deutsche Unternehmen tomorrowlabs (www.tomorrowlabs.io) bietet hier Lösungen selbst für die digitale Maschinen-Einbindung von Modellen aus den 20er Jahren an.

IoT-Installationen müssen in ihrer Kommunikation zu anderen auf das notwendigste Maß beschränkt und überwacht werden. Das heißt, es müssen logische Gruppen gebildet werden. Darin sind nur die IoT-Entitäten und Personen enthalten, die in einer Unternehmensabteilung oder einem Produktionsprozess zusammenarbeiten. Nur in ihnen werden untereinander Daten ausgetauscht. Innerhalb der logischen Gruppe bestimmen Sicherheitszertifikate den Datenstrom zwischen den IoT-Devices – letzte Endes auch zu den berechtigen Personen im Unternehmen. Wartungs- und Servicepersonal würde bloß nach einer Freigabe Daten zu bestimmten Maschinen in ihrer Datenbrille angezeigt bekommen.

Stellt das Monitoring des Datenverkehrs eine Kommunikation jenseits der Gruppengrenzen fest, könnte das auf einen Fremdzugriff hinweisen. Nur wenn klare Richtlinien für die Kommunikation bestehen, ist sie sicher und bietet bestmöglichen Schutz für unternehmens- und produktionskritische Anwendungen im Zeitalter der Industrie 4.0.

Auf den ersten Blick scheint der Sicherheitsaufwand riesengroß zu sein, aber man muss sich vergegenwärtigen, dass ein Produktionsausfall einer „Just in Time"-Fertigung sich außer in immensen Kosten für die Störung selbst auch noch im horizontalen Produktionsprozess massiv auswirkt. Selbst nach einer Fehlerbehebung sind die vor- und nachgelagerten Lieferketten oft noch Tage danach erheblich beeinträchtigt[89].

Security Step by Step

Die enge Verzahnung der Lieferketten macht unmittelbar klar, wie sensibel sie auf kleinste Hemmnisse reagieren, sei es ein Streik bei einem Lieferanten, einem Maschinenausfall oder einer Cyberattacke. Sie zeigt, wie kostspielig sich solche Störungen mittelbar und unmittelbar auf alle am Produktionsprozess Beteiligten auswirken. Dabei muss ein Angriff auf die IT-Sicherheitsstruktur nicht einmal durch Cyberkriminelle erfolgen. Er kann auch nebenbei geschehen, quasi als Kollateralschaden. Wenn Sicherheitspatches und Updates nicht aufgespielt und die Unternehmens-Sicherheitsrichtlinien nur lax befolgt werden, dann kann selbst die kleine Unachtsamkeit eines Mitarbeiters zu einem Ausfall der Produktion führen.

Ebenso real ist die Gefahr, dass unüberlegt nicht gepatchte USB-Sticks und Festplatten einen Software-Code freisetzen, der die Maschinensteuerung blockiert und massive Produktionsausfälle zur Folge hat. Dies ist die Gemengelage für die IT-Sicherheit. Dazu kommen noch die Kosten und genauso die personellen Aufwendungen, die für die Transformation der bestehenden Fertigung in eine Industrie 4.0 eingesetzt werden müssen.

---

89   Lt. Einem Beitrag des SPIEGELS aus dem Jahr 2016 kostete den VW Konzern die zeitweilige Liefersperre des Zulieferers Prevent einen mittleren dreistelligen Millionenbetrag: www.spiegel.de/wirtschaft/unternehmen/ volkswagen-wie-der-vw-machtkampf-mitarbeiter-und-kunden-trifft-a-1108483.html am 19. Aug. 2016

Das mag erklären, warum viele Teile des deutschen Mittelstands nur zögerlich Industrie 4.0-Projekte in ihren Betrieben realisieren. Immerhin könnte die abwartende Haltung dazu genutzt werden, mit kleineren Projekten zu beginnen und nach und nach die Betriebe in die neue Wirtschaftsepoche zu überführen.

Schließlich soll „Sicherheit Innovation nicht verhindern", führt Rojacher aus[90]. Denn Sicherheit heißt nicht unbedingt, das bestmögliche und teuerste Sicherheitskonzept um jeden Preis zu realisieren, sondern „Sicherheit von Anfang an mitzudenken". Rojacher empfiehlt gerade für den Mittelstand, das Sicherheitssystem sukzessive einzuführen und eventuell kleine Pilotprojekte zu starten.

„Security Step by Step" heißt, dass nach einer Sicherheitsanalyse nach und nach einzelne Teile des Unternehmens digital transformiert würden. In Pilotprojekten können Unternehmen bei dieser Verfahrensweise überprüfen, ob die vorhandenen Hard-, Software- und Personalressourcen ausreichend sind, um ihren Betrieb schrittweise in das neue Industriezeitalter zu überführen. Oder ob es notwendig ist, sich extern beraten zu lassen. Für unumgänglich halten die Industrie-Experten bei Kaspersky eine umfassende IT-Sicherheitsschulung des Personals und vor allem des Sicherheitsbeauftragten.

Für Systemhäuser ergeben sich bei dieser Aufgabe neue Chancen und Potentiale. Mit ihrer IT-Kompetenz können sie beim Thema IT-Sicherheit punkten und ihre Expertise bei Schulungen und bei der Implementation einbringen. Das ist ein neues Geschäftsfeld. Systemhäuser adressierten bisher beinahe ausschließlich die IT-Abteilungen der Unternehmen. Dabei ging es meistens um Hard und Software-Ausstattungen. Im Industrie 4.0-Zeitalter ist das Aufgabenfeld für die IT viel umfangreicher, da sie viel tiefer in die Unternehmensprozesse eindringt und ein größeres Verständnis für die Bedingungen vertikaler und horizontaler Produktion erfordern wird. Das betrifft sowohl das Systemhaus-Hardware-Angebot, das um AR/VR-Datenbrillen und um Sensoren sowie Aktoren erweitert würde, als auch ihre Software-Expertise in den Bereichen ERP, Logistik, CNC (Computerized Numerical Control), MES (Manufacturing Execution System) und viele andere mehr.

Der Mittelstand ist hier ebenfalls in der Pflicht. Er muss sich von der Vorstellung verabschieden, alles selber machen zu wollen.

Das rührt an deren Selbstverständnis. Dennoch, die Wirtschaft befindet sich in einem disruptiven Wandel, der nur mit der kreativen Kraft des Mittelstands als Erfolgsgeschichte weitergeschrieben werden kann. Die Industrie 4.0 besteht nicht nur aus der digitalen Transformation der Produktion, sie besteht im Wesentlichen auf der Einbindung der Unternehmen

---

90 Siehe Interview mit Stefan Rojacher (Kaspersky Labs) im Anhang.

in eine umfassende Wertschöpfungskette. Ihre und die Sicherheit der Unternehmen bilden das zentrale Fundament, das die Eck- und Endpunkte der Achsen Rohstoffgewinnung und Endkunde in der horizontale, sowie Unternehmenslagerhaltung und Fertigung in der vertikalen Produktionsbetrachtung absichert.

AR als IoT Anwendung

Und, AR/VR-Datenbrillen gehören auch dazu. Genauso wie Sensoren, Aktoren und Maschinen sind sie ebenfalls IoT-Geräte. Sie besitzen eine Internetadresse und/oder haben über einen Transponder Zugang zum weltumspannenden Netz.

Im industriellen Umfeld übermitteln sie als AR-Brille maschinen- und produktionsrelevante Informationen direkt an den Schnittstellen eines „Cyber-Physischen System" (CPS). Dieser Datenaustausch muss genauso gegen Cybergefahren gesichert werden, wie die unmittelbar am Produktionsprozess beteiligten IoT-Devices selbst. Denn eine smarte Datenbrille mit Betriebssystem könnte „Dritten" den Zugriff auf das CPS und damit auf die Produktion, sowie schließlich auf das gesamte Firmennetzwerk verschaffen. Die Gefahren für ein Unternehmen sind groß. Sind die Sicherheitsaspekte[91] im privaten Bereich schon erheblich, dann „…potenzieren sie sich im industriellen Sektor noch einmal deutlich", beschreibt Dr. Ulrich Bockholt vom Fraunhofer Institut für grafische Datenverarbeitung (IGD) das Gefahrenpotenzial[92]. Größte Sorgfalt ist erforderlich. Möglich wird dies durch eine ausgeklügelte Sicherheitsstrategie, eine softwarebasierte Sicherheits-Lösung, oder „ein reines Anzeigegerät (ein Webbrowser), das allenfalls mit einem minimalistischen Interface (ausschließlich) für die Darstellung der Informationen nutzbar ist", so Bockholt.

---

91 Sicherheitsaspekte für Privatanwender: Bildrechte Dritter → in Italien besitzen öffent. Gebäude Persönlichkeitsrechte; eigene Bildrechte, Tracking èwem gehören diese Daten → informationelle Selbstbestimmung; bei Streams → wem gehören die Daten; bei Video-Aufnahmen und Audio Mitschnitten → Vertraulichkeit des Wortes und wieder Bildrechte → Privacy → Sowohl des Datenbrillenträgers als auch der aufgenommenen Person.

92 Siehe Interview mit Dr. Ulrich Bockholt im Anhang.

11 Ausgewählte Anwendungsgebiete für AR und VR in Industrie und Gewerbe

AR/VR Couture, die wirklich H(au)ot ist

Keine andere Industrie lebt mehr davon, en vogue zu sein, als die Mode-Industrie. Erfolgreiche Unternehmen in dieser Branche richten sich schon längst mit ihren Angeboten nicht mehr an den klassischen Jahreszeiten aus – sie kreieren ihre eigenen. Dabei verfolgen sie argwöhnisch die Trendsetting-Versuche der Mitbewerber. War in der Vergangenheit die Kamera dafür das Utensil der Wahl, so sind es zurzeit noch Smartphones, und AR-Datenbrillen werden es in Zukunft sein. Die Anwendungen für AR sind vielfältig und für die Modeunternehmen sehr lukrativ. AR-Technologien haben das Potential, das Verhältnis zwischen der Industrie und ihren Kunden direkt und grundlegend zu beeinflussen.

In der vorindustriellen Zeit war Mode Ausdruck von Wohlstand und vor allem Stand. Sie war keinem solchen Wandel unterworfen wie heute. Der Schneider nahm Maß und schnitt die Kleider seinen Kunden auf den Leib. Für die, die es sich leisten können, ist dies noch heute Standard. Diese oberen Zehntausend besuchen deshalb ihre Couturiers gerne vor Ort in Paris, Mailand, New York, Berlin und London.

AR führt im Verhältnis zwischen Modeindustrie und ihren Kundinnen und Kunden neue Spielregeln ein. Sie bringt die kreative Energie der Modezaren direkt in deren eigene vier Wände. Davon profitieren sowohl die Modeunternehmen und der Versandhandel als auch der Endkunde. Damit die Fashionshow im Wohnzimmer losgehen kann, reicht manchmal schon ein Smartphone aus. Mit dem Foto und den Körperdaten des Kunden können Kleiderträume virtuell realisiert werden. Dem Endkunden wird sein Modewunsch maßgenau erfüllt. Nach virtueller und persönlicher Beratung wird ihm der Style führender Modelabel nach Hause geliefert. Dann sitzt außer der Frisur ebenfalls das Kleid, das Hemd, Rock und Hose. Retouren reduzieren sich dadurch erheblich. Schließlich hat sich der Endkunde schon vorher persönlich online entschieden.

Die Vorteile liegen auf der Hand. Die Unternehmen produzieren genau das, was der Kunde will. Sie brauchen weniger Stoff, haben geringere Lagerkosten und zufriedenere Kunden sowieso. Was aber noch schwerer wiegt und für die individuelle Produktionsweise spricht, ist die deutliche Senkung der Warenrücksendungen, der oben bereits erwähnten Retouren. Sie verursachen neben hohen Aufwendungen für Logistik auch Kosten für beschädigte oder gar getragene Ware.

AirScouter: Augmented Reality Brille in der Fertigung

Bis zu 10 Prozent der Käufe werden wieder zurückgeschickt. Insbesondere bei jungen Käufern zwischen 14 und 29 Jahren ist die Quote der Rücksendungen mit 14 Prozent besonders hoch[93]. Der Einsatz einer AR-Datenbrille könnte zumindest Fehlkäufe wegen falscher farblicher Zusammenstellung oder Kleidergröße verhindern. Das senkt nicht nur diese unmittelbaren Kosten für Hersteller und Versender, auch die Umwelt würde davon profitieren, denn viele unnötige Lieferfahrten würden vermieden und durch Anproben beschädigte Ware müsste nicht ersetzt oder entsorgt werden[94].

Die Individualisierung von Produkten eröffnet ein weiteres Feld für AR in der Mode. Sportartikelhersteller sind hier die Vorreiter. Nike-Kunden können seit Anfang 2017 in einem Pariser Sportgeschäft die Farbzusammenstellung ihres eigenen Schuhs kreieren[95]. Der Mitbewerber Adidas geht noch einen Schritt weiter. Hier sollen Roboter und 3D Drucker Sportschuhe maßfertigen[96]. Kunden sollen sich in Adidas-Geschäften ihre Füße vermessen lassen und können sich dann am Computer für ihren Wunschschuh entscheiden. Anschließend entsteht aus den Messdaten ein individuelles 3D-Modell, aus dem der Sportschuh nach den Designwünschen des Kunden in den gewünschten Farben gefertigt wird. Gewebt werden diese Sneakers aus einem innovativen und recyclebaren Seidenprodukt bis zum Abend[97]. Adidas und Nike sind hier Vorreiter. Andere Unternehmen der Textilindustrie werden mit ähnlichen Strategien folgen.

Neben den Kostenvorteilen kommt ein weiterer Vorteil hinzu: Dem Marketing werden zusätzliche Instrumente in die Hand gegeben. Zunächst erhält es durch die Individualisierung seiner Produkte einen direkten Zugang zum Kunden. Dadurch entsteht eine völlig neue Kundenbindung. Denn liegen die Kundendaten einmal bei den Textilunternehmen vor, können die Marketing-Aktivitäten beim Kunden zu Hause fortgesetzt werden. Um sich mit der neuesten Sportkollektion auszustatten, ist der Weg in ein Sportgeschäft nicht mehr unbedingt notwendig. Durch AR-Technologie kann das Kauferlebnis auf die Kundenwohnung ausgedehnt werden.

---

93 Bitkom Studie „Jeder zehnte Online-Kauf wird zurückgeschickt" vom 4. Jan. 2017: www.bitkom.org/Presse/Presseinformation/Jeder-zehnte-Online-Kauf-wird-zurueckgeschickt.html

94 Studie des Händlerbundes "Wie fair sind Kunden im Online Handel" Oktober 2016: www.haendlerbund.de/de/downloads/studie-retouren-2016.pdf

95 Das Magazin Digitaltrend berichtet am 17. Jan.2017 über einen Shop in Paris, in dem Kunden mittels AR die Farb-Zusammenstellung ihres Nike Schuhs bestimmen können: www.digitaltrends.com/cool-tech/nike-augmented-reality-nikeid-paris-news/

96 Spiegel Online berichtet, dass Adidas seine Schuhproduktion teilweise wieder nach Deutschland zurückverlagern wolle, und dabei auf 3D Drucker und Roboter setzt.: www.spiegel.de/wirtschaft/unternehmen/adidas-will-wieder-laufschuhe-in-deutschland-produzieren-a-1093940.html

97 Frankfurter Allgemeine Zeitung „Schuhe aus der Hochgeschwindigkeitsfabrik" am 2. Mai 2016: www.faz.net/aktuell/wirtschaft/internet-in-der-industrie/adidas-schuhe-aus-der-hochgeschwindigkeitsfabrik-14251157.html

Doch Kunden sollen dort nicht nur Schuhe kaufen. AR- und insbesondere VR-Brillen ermöglichen noch andere Produktsensationen. Sie lassen den Endkunden an den Modeinszenierungen der Hersteller Teil werden. Das Erlebnis, an einer Fashionshow in Paris als virtueller Zuschauer teilzunehmen, schafft eine ganz neue Ansprache. Möglicherweise tausende Kilometer entfernt inmitten der Prominenz als zahlender, virtueller Gast die neueste Mode vorgeführt zu bekommen, wird genauso zum Umsatz des Veranstalters und des Modeherstellers beitragen, wie die virtuelle Anprobe des gerade gezeigten „Fummel und SchiSchi" in seinem Wohnzimmer.

Doctor How

Die Medizin ist eine der ersten Branchen, die AR/VR für sich entdeckt hat. Neben dem industriellen Einsatz können medizinische Anwendungen den größten Nutzen aus AR/VR-Technologien ziehen. Seit den frühen Anfängen bis heute setzen Ärzte Telemedizin beim Monitoring, bei der Aus- und Fortbildung, bei der Pflege sowie als Assistenzsystem ein. Im weitesten Sinne gehörte schon das Fern-Monitoring der NASA zu den ersten AR-Versuchen. Sensoren lieferten selbst über „astronomische Distanzen hinweg" medizinische Daten der Astronauten. Bei Bedarf konnte das Kontrollzentrum damit Diagnosen stellen und in gewissem Rahmen Behandlungen einleiten.

Auf der Basis der Telemedizin sind dann in den 90er Jahren nach und nach neue Anwendungen hinzugekommen. Die Einsatzgebiete für AR und VR sind seitdem vielfältiger und ambitionierter geworden. Sie reichen von der bereits genannten Telemedizin über Diagnostik, Chirurgie bis hin zur psychologischen Behandlung Schwerstverletzter. Auch Methoden des Rapid Prototyping in Kombination mit 3D-Druck kommen bei der prothetischen Chirurgie zur Anwendung[98].

Der Einsatz von AR- und VR-Technologien könnte in der Medizin über die Verwendungen in der Industrie 4.0 hinausgehen. Es sind oft rechtliche Fragen, die einen noch weitergehenden Einsatz von AR/VR einschränken. Hier sind es vor allem datenschutzrechtliche Bestimmungen und Gesetze zur Privatsphäre in Deutschland, die die weitergehende Nutzung hemmen. Dennoch werden sich die AR/VR-Technologien im Krankenhaus oder in den Praxen der niedergelassenen Ärzte mehr und mehr durchsetzen[99].

---

98 Außer der Erwähnung dieses vielversprechenden Ansatzes soll hier nicht weiter auf diese Verfahren eingegangen werden, da sie das Ziel und den Rahmen dieses Buches sprengen würden.

99 Die Deutsche Bundesärztekammer hat sich des Themas angenommen und es auf die Tagesordnung ihres Jahrestreffens in Freiburg 23. Mai 2917 gesetzt, siehe Pressemitteilung vom 17. Mai 2017: www.bundesaerztekammer.de/presse/pressemitteilungen/news-detail/aerztetag-beraet-ueber-patientengerechte-digitalisierung-des-gesundheitswesens/

Wie bei der Industrie 4.0 liegen die Vorteile von AR/VR-Technologien in den „frei verfügbaren" Händen des medizinischen Personals. So werden beispielsweise Doktoren in vielen Fällen in der Diagnostik gezwungen, in ein externes Display zu schauen. Dabei müssen sie sich häufig vom Patienten und vom zu untersuchenden Organ abwenden, immer wieder hin und her blicken und den Schallkopf neu ausrichten. Mit Datenbrillen ist das nicht mehr notwendig. Der Arzt kann sich zum Beispiel voll auf eine Ultraschall-Untersuchung konzentrieren. Das Sonographie-Bild wird ihm direkt ins Display der Datenbrille übertragen. Die Untersuchung wird schneller und dadurch schonender und noch wichtiger: wesentlich effizienter. Bei sogenannten 4D Aufnahmen[100], wie sie in der modernen Schwangerschaftsvorsorge einer guten Praxis mittlerweile zur Regel geworden sind, profitieren gerade werdende Mütter von der Kombination Datenbrille oder HMD mit einem Ultraschallgerät. Da der Mediziner mit AR/VR-Equipment kontinuierlich weiterarbeiten kann, können sich werdende Mütter und Väter an lebhaften Livebildern ihres zukünftigen Sprösslings erfreuen.

Jenseits der Vorteile für die Diagnostik ergeben sich weitere Einsatzfelder in der Medizin. Chirurgische Eingriffe erfordern höchste Konzentration und Präzision. So werden bald Neurochirurgische Eingriffe durch MR-Technologien unterstützt. Egal wie hochaufgelöst schon heute Magnet-Resonanz-Technologische (MRT) Details am und im Gehirn der Patienten gezeigt werden, letztlich geben sie nur Läsionen, Verletzungen und Einblutungen im Augenblick der Aufnahme wieder. Oft ist es aber so, dass ein Arzt bei einer Trepanation (Schädelaufbohrung) wegen großer Blutungen in der Gehirnschale sehr schnell Entlastung schaffen muss. Durch den Transport des Patienten verlagern sich aber die Blutansammlungen. Mittels Mixed Reality Bildüberlagerung des Schädels kann der Chirurg den Bohrer oder Katheter exakter und schneller ansetzen und damit massive Hirnschäden verhindern[101]. Dazu kommt, dass MR- und AR-Techniken neben den Bild- ebenfalls die Vital-Daten live einblenden. Der Chirurg braucht nicht mehr den Kopf zu wenden, um diese Informationen zu erhalten, sie sind ihm immer zur Hand. Und nicht nur ihm! Alle an der Operation Beteiligte haben sie buchstäblich im Blick – der Assistenzarzt genauso, wie auch die OP-Schwestern und -Pfleger.

Zum Einsatz in der Medizin kommen sowohl VR- und AR-Brillen als auch HMDs. Dabei sind HMDs wie der AirScouter vermutlich nicht nur für den Patienten angenehmer. VR-Datenbrillen wirken nicht nur klobig, sie sind auch schwer. AR-Lösungen oder HMDs sind schlank und brillennah.

---

100 4D Ultraschall-Aufnahmen sind 3D Aufnahmen in einem Live-Stream.

101 Das Virtual Reality Magazin berichtet über ein Verfahren, das mit der HoloLens an der Duke University in North Carolina entwickelt und als Stream auf Youtube am 6. Oktober 2016 ins Netz gestellt wurde: youtu.be/qqyk-WW9f41Q

HMDs werden an einem extra Rahmen oder direkt am Brillengestell befestigt. Sie verdecken das Gesicht des Arztes nicht und liefern ihm dennoch alle relevanten Informationen mit einer hohen Auflösung. Gerade die „kleine Patienten" könnten durch das „große Ding" auf der Nase des Arztes verwirrt und erschreckt werden. Abgesehen davon, dass das Tragen einer großen VR Datenbrille auch für einen Arzt unbequem und anstrengend sein kann.

Big Doc is watching you

Das Beispiel Sonographie gibt unabhängig von Tragekomfort und optischer Wirkung einen ersten Eindruck, welche Möglichkeiten AR/VR-Technologien der Medizin eröffnen. Neben dem diagnostischen Einsatz bei Ultraschall-, Röntgen- und MRT-Untersuchungen in den entwickelten Ländern, hat der Einsatz von Datenbrillen das Potential die Ausbildungsqualität der Mediziner rund um den Globus zu revolutionieren. Viele Studenten der ersten Welt können die Vorteile von AR/VR bereits nutzen. Obwohl sie die medizinische Lehre noch nicht vollständig durchdrungen haben, können Mediziner in der Ausbildung schon jetzt den Koryphäen ihrer Zunft bei komplizierten Operationen über die Schulter schauen und so an ihrer Expertise teilhaben.

Zahlreiche Universitäten[102] und ebenfalls Online-Institute wie „Coursera" bieten „Massive Open Online Courses" (MOOCs) an, die ein Studium im Internet für jedermann möglich machen. Ein solches Studium wurde bereits seit Mitte der 90er Jahre für Wirtschaftswissenschaften (MBA) angeboten. Damals war es eine relativ kostspielige Kombination aus Video-Beiträgen, Internet-Foren und Email[103]. Heutzutage werden solche Beiträge kostenfrei in alle Ecken der Welt gestreamt – sofern diese über 3G oder 4G Anschlüsse versorgt werden.

Unternehmen wie „Medical Realities" wollen sich AR/VR nutzbar machen, um auch die „3. Welt" am medizinische Fortschritt teilhaben zu lassen[104]. Das Londoner Unternehmen

---

102 Das Projekt edX, dem viele weltbekannte Universitäten angehören (Harvard, MIT, Berkeley, The University of Texas, The University of Queensland, TU Delft), bietet kostenlose Uni Studiengänge auch für Medizin an:
www.edx.org/course?search_query=Medicine

103 Diese Kurse (Vorlesungen) wurden über Kabelfernsehen in den USA in der Nacht ausgestrahlt. Teilnehmer zeichneten diese Sendungen auf, nahmen Kontakt zu ihren Professoren / Tutoren über Telefon Email oder Forum auf. Ihre Examensarbeiten wurden zum Beispiel in den Schulungsräumen von Siemens abgenommen. Bestand man, bekam man im Jahr 1996 einen MBA Abschluss von der Colorado State University.

104 Medical Realities unter der Leitung von Dr. Shafi Ahmed aus London möchte mittels virtueller Technologien Ländern aus der III. Welt Zugang zu den neuesten medizinischen Entwicklungen ermöglichen.
www.medicalrealities.com zum Beispiel: youtu.be/n7ALZkPoTYQ

sendet Live 360°Grad Operations-Videos direkt aus dem Operationssaal. Das Ziel des leitenden Arztes und Geschäftsführers von Medical Realities, Dr. Shahi Ahmed, ist die Ausbildung medizinischen Personals selbst in die entlegensten Gegenden der Welt zu tragen. Dafür setzt er auf Oculus Rift und Google Glass. Am anderen Ende der Leitung nehmen dann Ärzte als virtuelle Operationsteilnehmer an den medizinischen Eingriffen teil[105]. Dafür müssen sie einen relativ geringen Aufwand betreiben. Es reicht ein besseres Smartphone, das in Googles Daydream oder noch preiswerter in die Cardbox gesteckt wird. Eine andere Variante wäre Gear VR von Samsung. Ein Equipment, das Googles Lösung ähnelt. Der Kostenumfang für die VR Smartphone Steckvarianten liegt zwischen etwa 20 bis 150 Euro.

Dr. Shahi liegt damit auf der Linie der Development Goals der UNO, die zum Beispiel die medizinische Grundversorgung in den weniger entwickelten Ländern in einem nahen Umkreis oder Zeitrahmen von nur zwei Stunden bis zum Jahr 2030 erreichen will. Ein ehrgeiziges Ziel, denn fünf Milliarden Menschen haben keinen Zugang zu medizinischen Behandlungen, selbst in so genannten LIMIC Ländern (LowIncome Middle Income Countries) hat nur einer von 10 Menschen die Chance, von einem Arzt behandelt zu werden[106]. Um dies zu ändern, muss eine große Anzahl junger Mediziner mit den neuesten Operations-, Anästhesie- und Dental-Techniken vertraut gemacht und ausgebildet werden.

Das schließt auch eine weitere Betreuung nach der Ausbildung mit ein, denn in einem virtuellen Operationssaal können sich auch fertige Ärzte Rat von einem Spezialisten einholen. Das betrifft Doktoren in der ersten wie in der dritten Welt. Ein weiterer Vorteil einer AR/VR-Datenbrille ist es, dass der wirkliche Patient direkt vor dem behandelnden Arzt liegt und ihm alle Patientendaten über das Display eingeblendet werden. Dabei hat er beide Hände frei und kann gleichzeitig einen externen Spezialisten hinzuziehen, der die gleichen Daten und das gleiche Operationsfeld in seiner Brille sieht[107]. So wäre es denkbar, dass ein Kardiologe des deutschen Herzzentrums in München einem Kollegen fernab in der Provinz in einem kleinen medizinischen Zentrum bei einer Intervention unterstützt.

---

105 Siehe auch "Broadcasting and Recording" auf der Website: www.ncbi.nlm.nih.gov/pmc/articles/PMC5220044/

106 Zahlen aus The Lancet – The Lancet Commission –Global Surgery 2030: evidence and solutions for achieving health, welfare, and economic development Vol 386 S. 569-573 vom 8. Mai 2015

107 Lt der Studie von Pricewaterhouse Coopers AG „Digital Trend Outlook 2016 – augmented Reality. Welche Branchen können in Zukunft profitieren" 2016 S. 15 ➔ ... ist die Medizin mit 46 % der aussichtsreichste Bereich, bei dem sich die Befragten einen Durchbruch für AR am ehesten vorstellen können. Auf den nächsten Plätzen folgen Innenarchitektur mit 41,3%, Freizeit mit 38,2 %, Bildung mit 37,4% und Tourismus mit 35,9%

AR für First Responder

Ebenso können „First Responder" bei der Ersten Hilfe und das Pflegepersonal in Seniorenwohnheimen von virtuellen Anleitungen profitieren. Dazu müssten die Ersthelfer wie auch die Pfleger mit einer AR-Datenbrille ausgestattet sein und über eine gute Netzanbindung zum Internet verfügen. In einem Seniorenwohnheim würde dies höchstwahrscheinlich über ein hausinternes WLAN erfolgen. Bei den Ersthelfern ist hingegen eine gute mobile Netzinfrastruktur Voraussetzung. In beiden Fällen steigert Augmented Reality den Behandlungs- und den Pflege-Erfolg. Situativ kann schon von der Leitstelle aus ein Notarzt online in Absprache mit den Rettungskräften vor Ort Rettungsmaßnahmen koordinieren und den OP im Krankenhaus vorbereiten. Im größeren Maßstab könnten sich bei einem Katastropheneinsatz zusätzliche Notärzte durch AR-Technologien beteiligen und den Nothelfern beispielsweise in einem Erdbebengebiet mit ihrer Expertise aus der Ferne „assistieren".

Pfleger in sozialen Einrichtungen sind außergewöhnlichen Belastungen ausgesetzt. Neben einem kräftezehrenden Schichtdienst bei einer oft zu geringen Personaldecke müssen sie unterschiedliche Diätvorschriften, Pflegevorschriften und Medikamentenpläne der Heimbewohner beachten. Eine AR-Datenbrille könnte hier enorme Entlastung schaffen, denn das Pflegepersonal hat beide Hände frei und braucht nicht bei jedem Behandlungsschritt auf einen Monitor oder ein Tablet zu schauen. Das bedeutet, nach Betreten eines Heimzimmers, und eindeutiger Identifizierung seines Bewohners durch die Datenbrille würden in ihm alle medizinisch relevanten und pflegerischen Daten zum betreffenden Bewohner eingeblendet werden. Mögliche sich anschließende Behandlungen und die Medikamentenabgabe würden erheblich belegbarer und sicherer. Und schließlich richtete sich die Pflege selbst nach den individuellen Bedürfnissen der pflegebedürftigen Menschen. Ihre Daten, ihre Bedürfnisse, ihre Wünsche und zu guter Letzt auch die angeordneten Pflegemaßnahmen könnte mehr als bisher Berücksichtigung finden.

Die Phantome bekämpfen

Ganz erstaunliche Erfolge werden von einem ganz anderen Medizinbereich berichtet. Viele Unfall- und Kriegsinvaliden leiden psychisch nicht nur am Verlust eines oder mehrerer Gliedmaßen, sondern sie empfinden scheinbar physisch großen Schmerz an den nicht mehr vorhandenen Körperteilen. Dieses Leiden ist unter dem Begriff Phantomschmerz in der Medizin bekannt und bisher nicht ganz leicht behandelbar. Ein Ansatz jedoch erwies sich als vielversprechend: Die Spiegeltherapie. Bei ihr wird dem Versehrten durch eine Einrichtung das gesunde Glied an die Stelle des amputierten gespiegelt. Reizt man dann das gesunde Körperglied mit einem Gegenstand, so empfindet der Patient scheinbar an diesem Spiegelglied nach einer Weile diesen Reiz.

Virtual Reality erweitert die Spiegeltherapie wesentlich. In einer Studie der Chalmers University of Technology in Mölndal in Schweden wurden Patienten mit Amputationen ihre fehlenden Gliedmaßen virtuell „angenäht". In mehreren Sitzungen lernten sie, wie man zum Beispiel den „neuen Arm" in einem virtuellen Autorennen bewegen kann. Die Simulation milderte den Phantomschmerz teilweise um die Hälfte. Selbst die massiven Schlafstörungen der Patienten verbesserten sich[108]. Anscheinend verarbeitet das Gehirn des Menschen die computergestützte Wahrnehmung als wäre sie real und gewöhnt sich allmählich so sehr an diesen Zustand, dass eine deutliche Linderung der Schmerzen eintritt.

Möglicherweise ist dieser Gewöhnungseffekt in der Psychotherapie ebenfalls ein wirksamer Ansatz, um Angststörungen und Phobien wirksam zu behandeln. In Regensburg wird AR/VR-Technologie eingesetzt, um Menschen ihre schweren Ängste zu nehmen. Dabei wird die in der Vergangenheit schon bewährte Konfrontationstherapie durch virtuelle Technologie erweitert. Bisher mussten Patienten den realen Gegenständen ihrer Angst ausgesetzt werden. Bei Menschen mit Höhenangst musste sie der Therapeut in ein hohes Gebäude oder einen Turm begleiten. Auch für Menschen mit einer Spinnenphobie war es notwendig, ein Terrarium mit Spinnen zu finden und sie bis dorthin zu begleiten. AR- und VR-Datenbrillen bringen die angstauslösende Situation virtuell direkt in die Wohnung des Patienten oder Therapeuten, ohne sie der „realen" Gefahr auszusetzen. Deshalb spricht man in Regensburg auch nicht von einer Konfrontations-, sondern von einer Expositionstherapie.

Die virtuelle Expositionstherapie hat für beide Seiten Vorteile. Jederzeit kann der Patient sich der erschreckenden Situation durch das Ablegen der Brille entziehen. Und der Therapeut kann wiederum unmittelbar auf ihn einwirken. Eine sehr realitätsnahe Virtualisierung der Angst – seien es Spinnen, der Wolkenkratzer oder der große Platz – ist die Voraussetzung für

---

108 Aus der Online Ausgabe des Ärzteblatts vom 2. Dez. 2016 „Augmented Reality hilft Patienten mit Phantomschmerzen : www.aerzteblatt.de/nachrichten/71781/Augmented-Reality-hilft-Patienten-mit-Phantomschmerzen
Vor der Behandlung mit AR/VR wurden die Patienten über die Intensität ihrer Schmerzen befragt. Diese Daten dienten dann als Basis zur Messung des Behandlungserfolges. Nach einem Jahr wurden dann die Ergebnisse verglichen und bewertet.

eine solche Behandlung. Massive Immersion ist hier das Stichwort[109]. Die Simulation muss so realistisch wie nur möglich sein. Schließlich sind sich die Patienten durchaus bewusst, dass die Spinnen, der gähnende Abgrund und der weitläufige Platz nur durch einen Computer generiert wurden. Dennoch verspüren sie, sobald sie eine virtuelle Tarantel in der Brille auf sich zukrabbeln sehen, die gleiche Angst, als wenn sie eine wirklich lebendige wäre. Die Ergebnisse dieser Projekte sind sehr vielversprechend und eröffnen für Ärzte und Patienten neue Möglichkeiten für die ambulante Therapie. Gerade auch dann, wenn der Therapeut ebenso eine gewisse Angst vor der Höhe oder Spinnen hat: Er braucht den Wolkenkratzer oder den Berg nicht zu besteigen und ein Spinnenterrarium braucht er auch nicht zu kaufen. Eine virtuelle Therapie kann sehr effektiv und kostengünstig sein - für beide Seiten.

Logistik: Ist auf dem richtigen Weg...

...der ist aber gar nicht so einfach! Dem Einsatz virtueller Werkzeuge werden speziell im Transportwesen oder besser in der Logistik die schnellsten und größten Erfolgsaussichten ausgestellt. Einen großen Anteil daran haben die Berichte über die neuesten Organisationsformen im Lagerwesen. Große elektronische Einzelhändler, also „eTailer", schulden dem Internet ihren triumphalen Aufstieg. Es verschafft ihnen den Zugang zu einer gewaltigen Kundenzahl. Für ihre Belieferung wiederum sind gigantische Warenlager notwendig, deren Beschickung und Leerung möglichst schnell von statten gehen muss. Der traditionelle Aufbau eines solchen Lagers mit einer festen Platzzuordnung wäre aber diesen Anforderungen nicht gewachsen. Durch seine Digitalisierung entstand eine völlig andere Organisation und Infrastruktur. Kennzeichnende Faktoren sind ein chaotisches Ordnungssystem, ein spezielles Lagerverwaltungssystem (LVS) und ein Waren-Eingangs- und -Ausgangssystem, das von einer umfassenden Unternehmensmanagement Software (ERP) gesteuert wird.

Dazu wird die Position einer jeden neuen Ware, egal, wo sie im Lager abgelegt wurde, vom Lagerverwaltungssystem registriert und gespeichert. Die Ware selber ist durch Codes oder Marker genau definiert, so dass sie eindeutig bestimmbar ist. Wird sie durch einen Lagermitarbeiter, einen „Picker" bewegt, kann ihr Positionswechsel verfolgt werden. Kommt eine Bestellung vom Warenwirtschaftsytem herein, berechnet das LVS, zu welchem Weg eines

---

[109] Die Webseite „Medizintechnologie" berichtet sehr ausführlich über diese innovativen Therapie-Ansätze: www.medizintechnologie.de/infopool/medizin-technologie/2017/virtuelle-therapie-reale-wirkung/
Prof. Andreas Mühlberger, Inhaber des Lehrstuhls für Klinische Psychologie und Psychotherapie an der Universität Regensburg, hat in Regensburg zusammen mit dem Lehrstuhl für Medieninformatik das Projekt „Play2Change" ins Leben gerufen, das moderne klinische Therapieformen, insbesondere gegen Höhenangst, und die Kompetenz für die Gestaltung virtueller Welten zusammenbringt.
Prof. Gerrit Meixner, Direktor des Usability & Interaction Technology Laboratory (UniTyLab) an der Hochschule Heilbronn, hat mit der Förderung des BM für Forschung und Entwicklung das Projekt EVElyn zur ambulante Therapie bei Angststörungen, zum Beispiel gegen Spinnen entwickelt. Im Gegensatz zu Mühlberger spricht er jedoch von einer Konfrontationstherapie, die er gegen Phobien entwickelt hat.

Pickers sie am besten passt. Das senkt die Kosten enorm. Der Picker braucht nur noch der vorgeschlagenen Route zu folgen und die Ware nach einer Scannerbestätigung dem Lagerplatz zu entnehmen.

Mit einer AR-Datenbrille wird dies noch einfacher. Durch eine adaptierte „Inhouse" Navigation wird dem Picker seine persönliche Route zur Ware direkt in das Display, in sein „Field of View" (FoV) eingeblendet. Das geht schneller als bei den herkömmlichen alten Handgeräten. Steht der Picker schließlich vor dem Regal, zeigt ihm die Brille die richtige Ware. Eine Handbewegung oder eine kleine Berührung am Brillengestell als Bestätigung[110] schließt diesen Prozess ab. Während des gesamten Vorgangs hat der Picker beide Hände frei. In jedem Fall kann das richtige Produkt durch AR-Datenbrillen schneller und sicherer gefunden werden. Das senkt die Kosten. Wenn man bedenkt, dass solche Warenbewegungen in einem Lager bis zu 20 Prozent der Logistikkosten ausmachen und etwa 50 Prozent davon auf das Sortieren und Ein- und Auslagern (auf das Picking) verwendet werden, ist klar, welch großen Beitrag AR zur Effizienz im Lagerwesen beitragen kann[111].

Sobald der Picker die Ware zum Sammelpunkt gebracht hat, übernimmt wieder das LVS. Es schließt die Bestellung ab und leitet den Verpackungsprozess ein. Anschließend teilt es die Ware dem richtigen Transporter mit der entsprechenden Zieldestination zu.

Bei der Verladung unterstützt die AR-Brille den Fahrer mit der exakten Zuordnung jedes einzelnen Pakets an den richtigen Platz im LKW. Größe, Gewicht und Postleitzahl bestimmen den Lageplatz des Pakets. Ein Vorgang, der sich später bei der Lieferung an den Endkunden wiederholt. In beiden Fällen sehen die Fahrer in ihrer Datenbrille die Lage des Pakets im LKW. Dazu erhält der Fahrer bei der Fahrt zum Endkunden AR-Einblendungen mit den Lieferdokumenten, eventuell eine Paketliste und eine Routenbeschreibung direkt zur Kunden-Adresse. Ist die Adresse nicht klar oder im Navi-System nicht vorhanden, muss sich der Zusteller durchfragen. Gelangt er endlich an den richtigen Ort, kann er nach Zustimmung des Kunden mit seiner Brille ein Foto des Hauses mit Adresse und Navi-Daten schießen und auf diese Weise die fehlenden Positionsdaten für weitere Lieferungen ergänzen.

AR: Das kommt an...

Doch Logistik ist vielschichtiger. Branchengrößen übernehmen heute schon viele weitere und vor allem strategische Funktionen ihrer Kunden. Sie unterstützen sie beim Support und

---

110 Dies entspricht dem Drücken der „Return-Taste" auf dem PC.

111 Zahlen aus DHL: AUGMENTED REALITY IN LOGISTICS Changing the way we see logistics – a DHL perspective 2014 vom 29. Apr. 2014 S. 13 www.dhl.com/content/dam/downloads/g0/about_us/logistics_insights/csi_augmented_reality_report_290414.pdf

organisieren im Servicefall die Abholung defekter Geräte beim Endkunden. Von dort gelangen die Geräte aber nicht zum Hersteller, sondern landen im Service-Center des Logistikunternehmens und werden dort instandgesetzt. Auch bei dieser Aufgabe werden AR-Datenbrillen unverzichtbar. Schon beim Eingang kommen sie zum Einsatz. Der Servicemitarbeiter erkennt bei der Durchsicht der Garantiedokumente mit ihr bereits das Service-Level der Ware. Danach richtet sich nachfolgend die Dienstleistung. Sind die vertraglichen Bedingungen erfüllt, wird das Produkt zur nächsten Station geleitet, an der sogleich die eigentliche Reparatur beginnt. Wie schon bei der Vertragsprüfung sind AR-Datenbrillen das Werkzeug, das für Effizienz sorgt – sowohl intelligente mit einem eigenen Betriebssystem, als auch reine Displays. Nachdem die Ware getrackt und registriert wurde, erhält der Servicemitarbeiter die Reparatur-Ersatzteile und die –Anleitungen in seine Brille übertragen. Hier erweist es sich als besonderer Vorteil, dass der Servicemitarbeiter beide Hände nutzen kann. Er braucht sich ebenso nicht darum zu kümmern, die richtige Anleitung in einem Rechner zu finden. Sie wird ihm passend zum nächsten Serviceschritt direkt auf die Linsen seiner Brille projiziert. Alle Vorgänge können durch die AR-Brille überwacht werden. Der Reparaturvorgang wird sicherer und der fehlerhafte Einbau falscher Ersatzteile wird wirkungsvoll vermieden[112].

AR schafft Überblick

Wendet man den Blick von Garantie und Reparaturleistungen auf Prozesse, die in der Vorproduktion liegen, kommen weitere Einsatzgebiete für Dienstleister in der Logistik hinzu. Auch für die Automobilindustrie, die in ihrer Produktion auf vorgefertigte Module oder Baugruppen zugreift. Ein Teil dieser „Modul-Produktion" wird von Logistikzulieferern gefertigt[113]. Große Logistiker wie DHL nutzen dabei Synergie-Effekte, die auf ihrer Position als Transportunternehmen beruhen. Das Unternehmen führt die Einzelkomponenten aus der Vorfertigung der Zulieferer in seinem Logistikprozess technisch zusammen und übernimmt einen Teil der Produktion. Eine solche Vorfertigung hat den Vorteil, dass sie für den Besteller in der Regel kostengünstiger ist. Außerdem erhalten Logistiker und Hersteller durch AR Technologien mehr Kontrolle über Qualität, da jeder Schritt zumindest ab dem Zulieferer aus der Logistik kontrolliert und dokumentiert werden kann. Das erleichtert im Fall des Falles bei Störungen die Fehlersuche.

---

112 Aus DHL: AUGMENTED REALITY IN LOGISTICS Changing the way we see logistics – a DHL perspective 2014 vom 29. Apr. 2014 S. 19 www.dhl.com/content/dam/downloads/g0/about_us/logistics_insights/csi_augmented_reality_report_290414.pdf DHL assembliert auf diese Weise die Türverkleidungen bei AUDi

113 Wie ober: Zum Beispiel bei der Autohimmel Produktion der Schnellecke GmbH mit Google Glass veröffentlicht am 2. Januar 2017: www.youtube.com/watch?v=lPEFv4GaRpI

AR – Das große Ding (Marketing)

Obwohl der Medizin laut einer Studie von PricewaterhouseCoopers[114] von den meisten Befragten der größte wirtschaftliche Erfolg vorhergesagt wird, verschafft doch die Konsumgüterindustrie den meisten Kunden schon heute viele verblüffende AR/VR-Erfahrungen[115]. Oft ist es den Menschen überhaupt nicht bewusst, dass sie eine AR/VR-Erfahrung gemacht haben. Zumeist nutzen sie eine App in ihrem Handy, die ihnen zusätzliche Informationen zu einem Gegenstand anzeigt. Unternehmen versuchen zu überraschen und ihre Nutzer mit aufregenden Inhalten zu verblüffen. Das spricht vor allem die so genannten „Digital Natives" an. Sie sind frühestens Anfang der 90er Jahre zur Welt gekommen und sind in einer Welt aufgewachsen, die vom World Wide Web bestimmt wurde.

Digital Natives sind es gewohnt, den PC zu benutzen oder falls sie nach der Jahrtausendwende geboren wurden, direkt zum Smartphone zu greifen. Es ist eine Generation junger Menschen, auf die der von Bill Gates geprägte Begriff „Information at your fingertips"[116] längst zu großen Teilen ihr Leben bestimmt und zu ihrem Lifestyle gehört. Diese Generation unterscheidet sich in einem erheblichen Maße von den vorherigen. Ihnen erscheint der Gebrauch digitaler Geräte so gewöhnlich und alltäglich, wie das Schallplattenhören und das Buchlesen ihren Eltern[117]. Kein Wunder, dass Jugendliche Bücher lieber „elektronisch" lesen und Musik aus dem Internet „streamen".

Das hat auch für das Marketing Konsequenzen. Entscheidet sich ein Unternehmen für eine Kampagne, die auf Elemente von AR/VR in ihrer Marktkommunikation setzt, darf es sich in seiner Zielgruppenansprache auf keinen Fall einseitig auf den Überraschungseffekt von AR/VR verlassen. Vielmehr muss es in seinem strategischen Kalkül die unterschiedlichen

---

[114] Studie PWC - Digital Trend Outlook 2016 - Augmented Reality Welche Branchen können in Zukunft profitieren Dez.2016 Seite 14 können sich 46 % der Befragten einen Erfolg bei mediz. Anwendungen vorstellen.

[115] Siehe auch Medizin : Lt der Studie von Pricewaterhouse Coopers AG „Digital Trend Outlook 2016 – augmented Reality. Welche Branchen können in Zukunft profitieren" 2016 S. 15 è … ist die Medizin mit 46 % der am aussichtsreichsten Bereich, bei dem sich die Befragten einen Durchbruch für AR am ehesten vorstellen können. Auf den nächsten Plätzen folgen Innenarchitektur mit 41,3%, Freizeit mit 38,2 %, Bildung 37,4% und Tourismus mit 35,9 %

[116] Das Motto „Information at your fingertips" formulierte Bill Gates bei seiner Keynote Rede auf der Comdex 1995 in Las Vergas. Mittlerweile sind viele seiner Vorhersagen eingetreten oder sind von der Wirklichkeit überholt: youtu.be/oOOOXjpjvfc. Gate`s Vorhersagen habe zum Teil aber auch länger als eine Dekade gebraucht, um in der Wirklichkeit anzukommen.

[117] Beide Tätigkeiten unterliegen starken Veränderungen. Schallplattenhören ist zwar wieder chic, aber spielt wirtschaftlich nur noch eine untergeordnete Rolle. Buchlesen aus papiernen Büchern verliert Boden zugunsten des eBooks.

Erfahrungsniveaus mit diesen Technologien der verschiedenen Altersgenerationen berücksichtigen. Um sein Produkt optimal zu präsentieren und seine Markenbotschaft nachhaltig zu verbreiten, muss das Unternehmen die Jugendlichen mit Informationen jenseits der virtuellen Welt versorgen und die Älteren behutsam an die neuen Medien heranführen – gewiss keine leichte Aufgabe.

Denn AR/VR-Marketing unterscheidet sich vom analogen der Vergangenheit. Unternehmen konzentrierten ihre werblichen Aktivitäten zumeist nur über einen Kanal zum Beispiel über Print, das Fernsehen oder über das Radio. Dabei wurde oft jede Menge Schrot verschossen, oft ohne den „Kunden wirklich zu treffen". Das zwang die Unternehmen zu einer breiten Streuung ihrer Kundenansprache über viele Medien mit verschiedenen Botschaften innerhalb des Kanals.

Doch AR/VR ist anders und alles zugleich. Unternehmen müssen daher überprüfen, in wie weit AR und VR zu ihren Produkten, Dienstleistungen und Geschäftszielen passen und wie virtuelle Technologien tiefgreifend und umfassend in eine passende Marketingstrategie langfristig verankert werden können[118]. AR/VR ist kein weiteres Medium, es ist ein Gesamtpaket, das durch intelligente Software einer Werbebotschaft einen deutlich größeren Informationsumfang verleiht.

Darum muss der richtige Einstieg über das richtige Medium gefunden werden. In der analogen Werbewelt waren der Kanal, das Medium und die Frequenz entscheidend für den Erfolg. Um Kunden zum Einstieg ins virtuelle Shopping zu bewegen, ist mehr notwendig. Der Einstieg ist über viele Wege möglich. Über einen QR Code in einem Printmedium, durch einen ansprechenden Trailer vor einem Stream auf YouTube oder über eine Social Media Gruppe und vieles mehr. Alles hängt natürlich von der Zielgruppe ab. Doch hat man sich entschieden, muss man eine Vielzahl von weiteren Inhalten bereithalten, um den unterschiedlichen Bedürfnissen und Erwartungen der Kunden gerecht zu werden. Das kann je nach Produkt bedeuten, dass das Marketing für jede Unterzielgruppe festgelegt werden muss. Sonst steigen sie aus dem „Werbefluss" aus.

AR/VR ist von Hause aus so konzipiert, dass sie es ihren Usern auf einfache Weise erlaubt, mit den Gegenständen zu arbeiten und sich mit virtuellen Personen auszutauschen. Dies erweitert nicht nur die Wirklichkeit, sondern bereichert das Leben seiner User. Ein Pfund, mit dem Marketiers wuchern sollten.

Schließlich verbirgt sich hinter einer Augmented-Reality-Erfahrung immer auch das Erlebnis mit sehr realistischen 3D Elementen, die als virtuelle Objekte Teil der Wirklichkeitserfahrung

---

118 Aus einem Whitepaper von Augment vom 27 Okt. 2016: Link zum PDF über diese Seite: www.augment.com/blog/whitepaper-augmented-reality-future-marketing/

ihrer Nutzer werden (können). Virtualität haucht ihnen so viel Wirklichkeit ein, dass sie eine echte Interaktion möglich machen, ja geradezu erfordern.

Das passt

Für die Konsumgüterindustrie bedeutet das, dass im Textilbereich nicht nur die Ware an sich beworben wird. Die Unternehmen setzen AR/VR ein, um Markenerlebnisse zu vermitteln, um die Marktkommunikation auf das Privatleben der Kunden auszudehnen. Über AR/VR können Kunden direkt zur Anprobe gebeten werden. Virtuelle Berater stellen aktuelle Modetrends vor und überzeugen den Kunden, neben einem Rock auch noch eine Bluse, einen Gürtel, eine Handtasche und Schuhe zu kaufen.

Abgesehen von möglichen Bedenken den Datenschutz betreffend, erfährt die Kundin nebenbei, dass ihre Freundin gerade vor einer Stunde das gleiche Kleid anprobiert, gekauft und sich für einen bestimmten Seidenschal entschieden hat. Entscheidet sie sich für das Kleid und haben die Textilunternehmen von ihrer Kundin die Körpermaße erhalten, kann ihr Kleid maßgefertigt an sie ausgeliefert werden. Selbst ein virtuelles gemeinsames Shoppen ist mit Freundinnen möglich – ein „echtes" kollaboratives Einkaufserlebnis. Man trifft sich zu einem virtuellen Einkaufsbummel im Internet. Oder gleich zur exklusiven virtuellen Modenschau in Paris. Man sitzt in der ersten Reihe, erlebt die Show hautnah und wenn ein Kostüm gefällt, wird es direkt bestellt.

Ich schau Dir in die Augen (Event)

Andere virtuelle Events bieten sich an. Samsung hat es bereits in einem Werbemovie gezeigt. Anstelle der kranken Tochter geht ihr Vater zu einem Konzert. Obwohl ihm offensichtlich die Atmosphäre nicht so behagt, filmt er für sein Kind den „Live-Act" mit der „Galaxy Gear" Kamera von Samsung. Zuhause kann sich das Mädchen schließlich das 360° Movie in der Samsung Gear VR Brille so anschauen, als ob es dabei gewesen wäre[119].

Das ist erst der Beginn. In der Samsung-Werbung bringt der Vater seiner Tochter das Konzertmovie alsdann nach Hause. Schon bald werden Konzertveranstalter und Sportvereine gleich doppelt ihre Live-Events vermarkten. Direkt am Veranstaltungsort wird herkömmlich analog kassiert und unterdessen wird bei der Digital Community über das Smartphone abgerechnet. Vermutlich werden die Veranstalter sich weitere lukrative Vermarktungsszenarien einfallen lassen. Das könnte die Ansprache des Trainers in der Kabine oder die Backstage Teilnahme bei einem Rockkonzert sein, oder besondere Perspektiven und spektakuläre Kameraeinstellungen für den Kunden. Dadurch ergeben sich für Konzertveranstalter völlig

---

119 Samsung 360° Cam; „Ganz weit weg und doch mittendrin" - youtu.be/KsMx20PWhVE auf Youtube, veröffentlicht am 22.Juni 2016.

neue Vermarktungsmöglichkeiten. Opernfans können an den Premieren der Metropolitan Opera in ausgewählten Kinos weltweit teilnehmen. Dies erscheint nur als eine Lösung für den Augenblick. Die Virtualisierung wird den Zuschauern neue Einblicke und akustische Erlebnisse ermöglichen. Das kann weiterhin im Kino stattfinden, aber technisch steht dem Durchmarsch einer „multiperspektiven 3D Aufführung" im „Heimkino" nichts entgegen. Miniaturisierte Hochleistungs-Kameras und -Mikrofone werden Zuschauern individuelle Klang- und Bildsensationen liefern[120].

Die Metropolitan Opera zeigt ältere beziehungsweise historische Aufführungen bereits jetzt im Abo[121]. Ob deutsche Nationalopernhäuser, ebenso vielleicht Stadttheater dieses Feld alleine den New Yorkern überlassen wollen, wäre angesichts der kostspieligen Inszenierungen und der oftmals prekären Haushaltssituation für die deutsche Kulturförderung nahezu fahrlässig.

Mitten drin statt nur dabei

Im Sport ist man da schon weiter. Die NBA zeigt seit Herbst 2016 regelmäßig Spiele der US Profiliga in Virtual Reality. Auf Youtube sind einige Streams verfügbar, die mit beeindruckenden Videos die Leistungsfähigkeit des VR-Systems von NEXTVR in Kombination mit entweder GearVR von Samsung oder mit Daydream von Google beweisen[122]. Man erlebt Basketball direkt vom Spielfeldrand, so wie ein Trainer sein Team sieht. Die ganze Atmosphäre des Spiels wird durch VR in 3D unmittelbar auf die VR-Datenbrille übertragen. Es ist eine absolut realistische Erfahrung, die auch ein Gespräch mit den anderen realen Zuschauern in der Sporthalle einschließen kann. Auf ihrer Website schreibt NEXTVR, dass für die Entwicklung der Anwendung über sieben Jahre verwendet worden sei.

Obwohl NEXTVR die Werbetrommel heftig für die NBA rührt, hat das Unternehmen auch noch andere Sportarten in sein VR-Universum aufgenommen. Das Eröffnungsspiel der Fußball

---

120 Das Unternehmen NEXTVR (www.nextvr.com) hat schon im Sommer 2016 Konzerte als Virtual Event ins Netz übertragen. Zusammen mit dem US Konzert Veranstalter „Live Nation" möchte NEXTVR „100" Auftritte namhafter Künstler virtuell übertragen, schreibt engadget am 4. Mai.2016: www.engadget.com/2016/05/04/nextvr-and-live-nation-team-up-to-stream-hundreds-of-concerts/

121 Die Metropolitan Opera hat 600 Aufführungen als Stream im kostenpflichtigen Angebot. Für 14 $ im Monat können sie mit jedem elektronischen Device heruntergeladen werden. www.metopera.org/season/on-demand/learn-more/

122 Die Webseite der National Basketball Association (NBA) mit ihrem VR Angebot: watch.nba.com/page/vr. Seit 27. Okt. 2016 wird einmal pro Woche ein NBA Spiel in VR angeboten: www.nextvr.com/nbanews Pressemitteilung der NEXTPR vom 20. Okt. 2016. Samsung empfiehlt die Modelle Galaxy A5 und Smartphones ab Galaxy S6: www.samsung.com/global/galaxy/gear-vr/ mit einer FullHD Auflösung.
Daydream von Google ist seit Mitte 2016 verfügbar und beschränkt sich nicht auf die eigenen Smartphones der Pixel-Reihe - Auch andere Hersteller liefern Smartphones, die Daydream ready sind: vr.google.com/daydream/

Bundesliga 2016 zwischen dem FC Bayern München und Werder Bremen wurde noch vor den VR-Ausstrahlungen der NBA als virtuelles Event vermarktet. Schon im Sommer 2016 war der Aufwand für die Übertragung enorm. Mit Blickfeldern von sieben Kameras: Von den Tribünen, den Seitenlinien, hinter den Toren und von der Mittellinie[123]. Zu Fußball und Basketball kommen noch American Football (College und NFL Post Experience), Golf und Tennis (US Open in Flushing Meadows).

Die Ziele von NEXTVR sind jenseits des Sports ebenso ambitioniert. Nicht weniger als zu jedem Aspekt des Lebens, der von einer Kamera begleitet werden kann, möchte das Unternehmen aus Laguna Beach im Süden von Los Angeles virtuellen Content liefern. So ist die virtuelle Konzertveranstaltung bereits fest eingeplant. Was weiter oben zum Werbevideo von Samsung noch als „Aufzeichnung" eines Events präsentiert wurde, wird von NEXTVR seit Sommer 2016 vermarktet. Zusammen mit einem der größten Eventveranstalter in den USA sollen hunderte Konzerte über exklusive digitale Verwertung extra Geld in die Kassen spülen[124].

Das beste Angebot

Unsere Kaufgewohnheiten verändern sich schon jetzt durch „Augmented Reality. Mit dem Auslesen von QR Codes können wir heute schon Produkte und Preise miteinander vergleichen. Einfach den Code scannen und schon sind viele Informationen dazu verfügbar. Das ist eine sehr einfache Form von AR.

Aber zunehmend bestimmen „Digital Natives" oder die „GenZ"[125] die Regeln des Marketings. Diese Kinder des Internets stöbern nicht in den Geschäften oder bummeln durch die Einkaufsstraßen, bevor sie etwas kaufen, sondern sie hüpfen von Website zu Website. Bevor sie sich entscheiden, werden verschiedene Vergleichsportale konsultiert, Freunde befragt und Social Networks nach Bewertung zu den gesuchten Produkten abgesucht. Das hat erhebliche Konsequenzen für den Einzelhandel. Kleinere Geschäfte müssen sich neue Wege für ihre Marktkommunikation suchen. Denn Anzeigen haben in klassischen Medien nicht mehr die richtige Reichweite – sofern sie in der jungen Zielgruppe überhaupt gekauft oder gelesen werden.

---

123 Ankündigung vom 20. Aug. 2016 für das Eröffnungsspiel am 26. Aug. 2016 www.nextvr.com/bundesliga. Leider wurde das Spiel in Deutschland nicht übertragen. Fox bot die Begegnung ausschließlich über seinen Sportkanal in Nord- und Mittelamerika, in Europa in Italien, Belgien und den Niederlanden und in vielen asiatischen Staaten an.

124 Wie bereits weiter oben meldet die Website „engadget" am 4.Mai 2016: www.engadget.com/2016/05/04/nextvr-and-live-nation-team-up-to-stream-hundreds-of-concerts/

125 GenZ oder der Generation Null bezeichnet Jugendliche, die nach Jahrtausendwende geboren wurden.

Ein Weg könnten AR- und VR-Elemente in der „Point of Sales" Werbung sein. Sie erscheinen als probate Mittel, um mehr Aufmerksamkeit in der Zielgruppe zu erreichen. Über sie kann die ausgestellte Ware direkt in den Dialog mit den Kunden eintreten. Einen interessanten Ansatz bietet das deutsche Unternehmen „Gesture Powered" aus Herne. Ihr „magic-mirror" verwandelt eine simple Auslage in irgendeiner Fußgängerzone zu einem Produkterlebnis[126].

Passanten, die kurz vor ihr stehen bleiben, werden virtuell mit der im Fenster liegenden Auslage buchstäblich angezogen. Ihr Spiegelbild ist die Vorlage. Versteckte Kameras ermitteln die Kleidergröße des potentiellen Kunden. Durch Gesten kann er gleichwohl selber die Größe bestimmen und die Applikation weiter steuern. Allein diese Funktion hat das Potential, den Kunden während seiner virtuellen Anprobe länger vor dem Schaufenster zu halten und ihn zum Eintreten zu verführen.

Die Software überprüft sekundenschnell, ob im Lager Ware in der richtigen Größe verfügbar ist. Ist sie es nicht, werden den Kunden auf Grund der Daten andere Farben oder Kombinationen vor dem Schaufenster vorgeschlagen. Vielleicht betritt er dann gerade deshalb das Geschäft, oder er bestellt seinen Anzug oder sie ihr Kleid auf der Straße vor dem Fenster und lässt es sich direkt nach Hause liefern. Mit relativ geringem Aufwand können so selbst kleinere Mode-Einzelhändler neue Zielgruppen erschließen. Verzahnt eine Boutique „magic-mirror" mit ihren Online-Angeboten und eventuell sogar ein wenig mit Print, dann wird ein preisgünstiges 24 Stunden „omnichannel"[127] Angebot möglich.

Selbst Print, das eigentlich nur ein zweidimensionales Leben fristet, gewinnt durch AR Tiefe. Konzerttickets, die mit dem markanten Logo (ein Theatervorhang, in dem ein spitzwinkliges Dreieck ragt) der finnischen Firma „Arilyn"[128] versehen sind, haben ein AR Eigenleben. Hat man die gleichnamige App auf dem Smartphone aktiviert und richtet es zum Beispiel auf das Ticket, das mit dem Logo ausgezeichnet ist, dann startet im Smartphone extra Content für die Konzertbesucher. Das könnte der Hit des Konzerts sein, ein besonders Youtube-Video oder ein exklusives Interview mit dem Star der Show. Solche Gimmicks bieten nicht nur einen Wow-Effekt, sondern sie sind ein cleveres Marketing-Messinstrument. Arilyn verbindet Offline mit Online, was die Werbewirkung einer bloßen Anzeige in einem Magazin,

---

126 Über die Website www.magic-schaufenster.de/ gelangt man zu den Angeboten von Powered Gestured.

127 Omnichannel ist ein kundenzentrierter und werbekanalübergreifender Marketing-Ansatz, der den Kunden „Off-, On- und Beyond-Line mit einem Unternehmen verbinden soll. Magic Mirror ist Beyond-Line, da es erst durch den Kundenkontakt zu einem Online Medium wird. Denn es wird erst durch den Kunden selbst aktiviert, davor ist es weder Off- noch Online.

128 Das finnische Unternehmen Arilyn www.arilyn.fi/arilyn-app/ bietet seine App auf dem Apple App Store und bei GooglePlay an. Schon im Jahr 2015 entwickelte Ricoh ein ähnliches Konzept, das „Clickable Paper" genannt wird: www.ricohclickablepaper.com

oder in einer Zeitung deutlich intensiviert. Dass dadurch viele Marketingdaten gewonnen werden, die eine Werbe-Erfolgskontrolle erheblich erleichtern, ist ein nicht zu unterschätzender „Unique Selling Point" (USP) der Skandinavier.

Bisher beschränkt sich der Einsatz eines solchen „Smart Papers" auf das Handy, doch mit einer Datenbrille ergeben sich zusätzliche neue AR Anwendungsfelder. Intelligentes Papier beziehungsweise die Applikation mit ihren eigenen Markern, haben das Potential, steuerndes Element für ein „augmentiertes" Internet zu werden. Einzig dazu notwendig ist es, Objekte, Gegenstände, Text und auch Gebäude etc. mit Markern auszustatten, die von den AR Datenbrillen erkannt werden.

Ist es bei Arilyn das Logo, das Content verheißt, so ist es bei „Ikea" der eigene Katalog. Er ist der optische Anker, mit dem der Möbelriese aus Schweden im Wohnzimmer andockt. Seine Größe ist fest und wird zum Maßstab, um die Maße eines Tisches, eines Sessels oder eines Regals im Raum zu bestimmen[129]. Noch ist auch diese Anwendung auf das Smartphone beschränkt, aber es ist nur eine Frage der Zeit, wann dies eine AR Datenbrille übernehmen wird. Denkbar ist auch, dass Innenarchitekten mit einem ähnlichen Verfahren ganze Einrichtungen erstellen oder neues Inventar in eine bestehende Wohnlandschaft einpassen. Dazu wäre dann ebenfalls ein optischer Anker notwendig, der für die exakte Bestimmung der Größenverhältnisse genutzt wird. Hierfür würde schon ein Schnappschuss des Raums samt eigenem optischen Marker mit einer Datenbrille ausreichend sein.

Aber Ikea schraubt auch mit VR am Geschäft. Der Möbelhersteller verblüfft mit seiner preisgekrönten Küchen App. Kunden können mit einer HTC Vive ihre zukünftige Küche gestalten, begehen und dabei alle Funktionen ausprobieren[130].

Auf AR/VR können Sie bauen

Aber AR/VR hört nicht beim Einbau einer Küche auf, sondern schließt das gesamte Bauwesen mit ein. Virtuelle Technologien können auch beim Bau zu einer erheblichen Kostensenkung beitragen. Das Zauberwort heißt hier „BIM", Building Information Modeling. Darunter versteht man die digitale Zusammenführung von Bauplanung, über Bau-ERP und die Projektplanung und -Koordinierung der unterschiedlichen Baubeteiligten und Gewerke. BIM ist die Fortsetzung der Industrie 4.0 mit anderen Mitteln: Eben in Stein und Holz.

---

[129] Diesen AR Service bietet Ikea schon seit 26. Jul 2013 an: youtu.be/vDNzTasuYEw

[130] Die Ikea Anwendung wird über Steam angeboten. Es gibt eine Vielzahl von Anwender Movies. Das hier vorgestellte stammt aus dem Jahr 2015: youtu.be/-qvHxRTm1r0 und wurde von Dennis in seinem Youtube Channel MafuyuX am 17. Apr.2016 hochgeladen.

Tatsächlich gibt es starke Ähnlichkeiten mit den Produktions-Strukturen und Herstellungs-Verfahren aus der Industrie. Beide basieren auf einer komplexen Konzeption, die allen „Prozessbeteiligten" vorgelegt und von ihnen abgesegnet werden muss. Solche Konzepte – werden jedoch bereits seit Mitte der 80er Jahre am Computer in CAD-Anwendungen erstellt, wobei deutsche Software-Unternehmen führend sind[131]. Doch mit BIM sind alle Bauvorgänge, Installationen und Gewerke in einem elektronischen Plan gebündelt und für alle Bau-Unternehmen, Handwerker und Zulieferer zu jeder Zeit komplett einsehbar. Jede Veränderung an diesem Plan informiert automatisch alle am Bauprojekt Mitwirkenden[132]. Analog zur digitalen Industrie 4.0 Produktion weiß das System und wissen auch die Menschen am Bau zu jedem Zeitpunkt, was, wo und wie gebaut wird – also eine „Just-in-Time" -Bauproduktion.

Wie in der Industrie kann AR und VR in vielen Bereichen des Bauens eingesetzt werden. Schon bei der Konzeption ist der Einsatz von VR sinnvoll. Nicht nur, dass virtuelle Arbeitsgruppen beim Design zusammenwirken, selbst aushäusige Experten können bei der Infrastruktur eines Gebäudes und der Ablaufplanung einen wesentlichen Beitrag zur Effizienz liefern. Wird mit dem Aushub begonnen, das Fundament gelegt und der Keller errichtet, wissen alle Handwerker zu einem bestimmten Zeitpunkt um ihre Aufgaben und wann ihre Arbeitsbereiche für ihren eigenen Einsatz frei sind. Was dabei an einem konkreten Bauabschnitt zu tun ist, verrät ihnen ein Blick auf ihr Smartphone, Tablet oder die Datenbrille. Dort sehen sie, wo die Leitungen für Wasser, Abwasser, Strom und die Datenkabel liegen und welche Wand sich aus statischen Gründen für einen extra Durchbruch eignen könnte.

Dennoch, obwohl von vielen Handwerksbetrieben die Vorteile klar erkannt werden, ist nur ein kleiner Teil von ihnen „BIM-bereit". Zwar sind 81 Prozent der deutschen Handwerksbetriebe laut einer Studie des Bitkom und des Zentralverbandes des deutschen Handwerks für die Digitalisierung ihrer Unternehmen und Anwendungen aufgeschlossen, aber 71 Prozent

---

131 Schon Mitte der 80er Jahre hat Nemetschek aus München hier wegweisende CAD-Software auf den Markt gebracht: www.nemetschek.com; Nemetschek mit BIM (www.nemetschek.com/trends/bim/). Führende Bau-Unternehmen wie Hochtief (www.hochtief-vicon.com/vicon_en/0.jhtml), Bilfinger (www.hochbau.bilfinger.com/bim-bei-bilfinger-we-make-bim-work/) und Strabag (bim5d.strabag.com/) haben eigenen Lösungen im Portfolio. Die Auswahl wurde auf die größten 3 in Deutschland nach www.bauindustrie.de (Stand Nov 2016) beschränkt.

132 BIM ähnelt damit der „BlockChain" oder ist ihr sogar gleich. Hinter der BlockChain-Technologie verbirgt sich ein umfassendes, dezentrales Datenbank-System, das jede Veränderung am Datensatz unwiderruflich dokumentiert und alle Prozessbeteiligten unmittelbar über diese Änderungen informiert. BlockChain ist auch die Basis-Technologie, die dem „BitCoin" zu Grunde liegt und diese digitale Währung gegen Betrug und Fälschung absichert.

sehen sich bei digitalen Technologien als Nachzügler[133]. Viele mittelständische Unternehmen der Bauwirtschaft scheuen die Investitionen, um sich für BIM zu qualifizieren. Dabei haben sie in der Regel einen guten Teil der Digitalisierung bereits vollzogen. Fast alle verfügen über einen Internetauftritt (95 Prozent), die meisten sind in einschlägigen Online-Verzeichnissen mit ihren Angeboten vertreten (89 Prozent) und beinahe die Hälfte kann auf ein gepflegtes Customer Relationship Management (CRM/46 Prozent) zugreifen[134]. Und: schon ein Viertel setzt moderne digitale (Informationstechnologie wie 3D Druck und Scan oder Ähnliches ein.

Wird eine AR Brille verwendet, erleichtert es die freihändige Steuerung einer Drohne erheblich

Aber noch mehr als die klassische IT Wirtschaft, krankt das Handwerk an einem großen Mangel an geschultem IT-Personal. Dazu kommt, dass ein solcher Spezialist sich nicht nur in der IT auskennen, sondern auch die Sprache des Baus verstehen muss. Auch hier kann AR/VR branchenunabhängig als Technologie zur internen Schulung der Mitarbeiter eingesetzt werden.

Fazit: Der bauende Mittelstand hat einen Nachholbedarf nicht nur bei Technologie und Personal, sondern auch im Wettbewerb mit seinen europäischen Nachbarn. Dort ist BIM ab

---

133 Das hat eine Studie des Bitkom in Kooperation mit dem Zentralverband des deutschen Handwerks (ZDH) ergeben, 2. März 2017: www.bitkom.org/Presse/Anhaenge-an-PIs/2017/03-Maerz/Bitkom-ZDH-Charts-zur-Digitalisierung-des-Handwerks-02-03-2017-final.pdf S. 9-10

134 Bitkom Studie ebenda S. 4 +5)

einem bestimmten Volumen seit längerem Standard bei der Vergabe öffentlicher Aufträge. Die Umsetzung einer europaweiten Digitalisierung des Bauwesens wird von der Europäischen Union unterstützt und gefördert[135]. Eine deutliche Kostenersparnis und Projektbeschleunigung sind die wichtigsten Vorteile, dazu kommt außerdem eine durchgängige Transparenz. Denn alle Pläne liegen allen angeschlossenen Unternehmen vor und jede Veränderung an ihnen wird ihnen ohne Verzögerung sofort mitgeteilt und dabei vollständig dokumentiert.

Bei öffentlichen Aufträgen birgt eine solche Transparenz ebenfalls ein großes Effizienzpotential, das sich aus geringerem Lageraufwand für Material und der sofortigen Umsetzung der Gewerke bei „Building-just-in-Time" speist. In Zukunft werden „BIM-bereite" Unternehmen bei der öffentlichen Bau-Vergabe besonders profitieren[136], während die anderen von Aufträgen vermutlich ausgeschlossen werden.

---

135 Mit der Initiative EUBIM soll das Bauen im öffentlichen Sektor wirklich öffentlich werden. www.eubim.eu

136 Lt. der Studie der HypoVereinsbank und dem Beratungsunternehmen Roland Berger: „Branchenstudie Bauwirtschaft im Wandel – Trends und Potentiale bis 2020" April 2016 S. 10 wird alleine der Verkehrswegeplan 2030 einen Umfang von 265 Mrd Euro haben. Auf S. 26 steht weiter, dass ab 2020 der BIM-Einsatz bei öffentlichen Infrastrukturprojekten in Deutschland verbindlich sein wird: www.hypovereinsbank.de/content/dam/hypovereinsbank/unternehmerbank/pdf/Produkte-Services/Branchenstudie_Bauwirtschaft_Roland_Berger_2016.pdf

12 Virtuelle Realität im Massenmarkt

Ob und wann sich virtuelle Realität im Massenmarkt durchsetzt, hängt von drei entscheidenden Faktoren ab. Dem Pricing der Hardware, der Verfügbarkeit von sinnvollen Applikationen und der weltweiten Verfügbarkeit von VR-Vertriebsplattformen, wie man sie aus Musik oder Mobile-Markt kennt (iTunes, Google Play oder Amazon).

Die Zukunft von VR selbst aber hängt von Spielen ab, genauer gesagt von Videospielen. Wenn VR sich im Videogames-Markt etabliert, steht dem Erfolg von VR im Massenmarkt nichts mehr entgegen. Die Ausgangslage für VR ist optimal: Der globale Gaming-Markt wächst beständig – bis 2020 geht man von einem globalen Umsatz im Videospielemarkt von etwa 90 bis 100 Milliarden Dollar aus. Die entscheidenden Macher hinter der VR-Hardware kommen aus dem Videospiele-Bereich. Auch wurden bereits Hunderte von VR-Spielen in den letzten 2 Jahren veröffentlicht. Die weltweit etablierte Spiele-Vertriebsplattform (Steam) des Anbieters Valve[137] fördert nach Kräften die VR-Technologie mit Geld, Eigenentwicklungen und Kooperationen. Konsumenten von Games gelten zudem als überdurchschnittlich experimentier- und spendierfreudig. Als „Early Adopters" (Früheinsteiger) greifen sie schnell neue Trends auf, wenn ein Gegenwert in Form von Spielspaß geboten wird. Aber: bisher ist noch nicht klar, ob VR im Gaming-Markt langfristig Fuß fasst oder VR-Hardware das Schicksal zahlreicher technischer Innovationen teilen wird, die nach 3 bis 4 Jahren wieder vom Markt verschwinden.

Erfolg von VR im Unterhaltungsbereich noch nicht absehbar

Wie schwierig es ist, Konsumenten von den Vorzügen der dritten Dimension im Unterhaltungssegment zu überzeugen, belegt die Geschichte des stereoskopischen Films für den Heimbedarf. Während sich im Kino 3D inzwischen als feste Größe und lukrative Einnahmequelle etabliert hat[138], spielt 3D-Film im Heimbereich kaum noch eine Rolle[139].

Noch 2010 galten 3D-fähige TV-Displays als die nächste Revolution für das Fernseherlebnis. Die 3D-Displays punkteten mit guter Bildqualität, waren für TV-Käufer erschwinglich und die stereoskopischen Aufnahmen waren mit akzeptablen Kosten zu produzieren. Anbieter wie Sony, Samsung und LG investierten kräftig in die Display-Technologie, warben mit millionenschweren Budgets für die neue dreidimensionale Unterhaltung und selbst

---

137 https://en.wikipedia.org/wiki/Valve_Corporation

138 http://www.ffa.de/kinobesucher-von-3d-filmen-2015.html

139 https://www.heise.de/ct/artikel/Gibt-es-bald-keine-3D-TVs-mehr-3099080.html

große Sportereignisse wie Fußballspiele wurden zweitweise von Mediengiganten wie Sky live in 3D übertragen. Gleichzeitig machte die BluRay-Technologie den Massenvertrieb von speicherintensiven 3D-Filmen problemlos möglich. Doch kaum drei Jahre später brachen die Verkaufszahlen für die 3D-Geräte drastisch ein, ein Teufelskreislauf aus mangelndem Interesse und mangelndem Inhalt ließ den Hoffnungsträger 3D-TV inzwischen zum Randthema werden. Heute sind 3D-TV-Geräte zwar am Markt, aber 3D-Tauglichkeit gilt für Konsumenten nicht mehr als wichtiges Entscheidungskriterium. Displaygröße, Bildqualität und Smart-TV-Funktionen sind wichtiger. 3D-Fernsehkanäle sind nur noch ein Randthema, die 3D-Blurays bedienen nur noch einen Nischenmarkt.

Was ging schief? Die Probleme der 3D-TV-Geräte ähneln in vielerlei Hinsicht den heutigen Problemen der VR-Technologie. Unterschiedliche Standards und Technologien sorgten beim Konsumenten für Verwirrung und zu Inkompatibilitäten bei der Hardware. Aufpreise für Hardware und 3D-Bildmaterial ließen Anwender lieber zur 2D-Technologie greifen. Zudem empfindet ein Teil der Konsumenten 3D-Filme als unangenehm, Übelkeit, Schwindel oder Kopfschmerzen werden als Nebenwirkungen genannt[140].

Gaming und VR – Parallelen zum Spielekonsolen-Markt

Um Kaufentscheidungsprozesse der Kunden im Gaming-Markt zu verstehen, ist ein Blick auf den Konsolen-Markt hilfreich. Konsolen sind computerähnliche Geräte, die in erster Line für die Wiedergabe von Videospielen gedacht sind. Wichtigste Konsolen-Anbieter sind Sony, Microsoft und Nintendo. Desweiteren unterteilt sich der Konsolenmarkt in Handheld, also Konsolen, die man in der Hand hält, und Heim-Konsolen, die an den Fernseher angeschlossen werden und in der Regel im Wohnzimmer oder Kinderzimmer stehen. Mit der neuen Generation von Hybrid-Konsolen verschwimmt die strikte Unterteilung etwas, da selbst kleine Handhelds genügend Rechenkraft für die Darstellung komplexer Spiele bieten. Die Nintendo Switch demonstriert eindrucksvoll, wie Heimkonsolen mobil werden. Die Heimkonsolen von Sony und Microsoft sind hingegen Multimedia-Wiedergabegeräte, die bei Anwendern nicht selten klassische A/V-Geräte und PCs ersetzen. So glänzt beispielsweise die Microsoft Xbox One mit 4K-Wiedergabe, Blu-ray-Laufwerk und dank Internet und Apps können TV- und Radio-Streams wiedergegeben werden.

Alle Konsolen sind zudem an ein eigenes Ökosystem angeschlossen, auf dem die Konsolenbesitzer Spiele und Gimmicks kaufen sowie sich mit anderen Gleichgesinnten vernetzen können.

Der Charme von Konsolen gegenüber dem Spiele-PC ist zweifellos der geringe Einstiegspreis, Konsolen kosten weniger als ein Flaggschiff-Smartphone. Die brandneue Microsoft Xbox One X

---

140 http://www.t-online.de/digital/fernsehen-heimkino/id_44121472/3d-kino-fuehrt-zu-uebelkeit-und-kopfschmerzen.html

ist für 500 Euro zu haben, eine Playstation 4 kostet um die 250 Euro. Die Geräte sind zudem Wohnzimmer-tauglich – die einfache technische Bedienung und ein ansehnliches Äußeres überzeugen selbst wenig technisch-affine Käufer. Plug & Play ist bei Konsolen im Gegensatz zu einem Windows-PC tatsächlich Realität.

Die Kaufkriterien für Konsolen-Käufer sind eine Mischung aus Kaufpreis, Hardware-Ausstattung und Exklusiv-Titel[141]. Jeder Konsolen-Anbieter entwickelt selbst mit eigenen Entwicklungsstudios exklusive Inhalte für die eigene Plattform – oder kauft exklusive Lizenzen ein. Exklusiv-Titel bedeuten zwar für den Konsolen-Anbieter millionenschwere Investitionen, doch ohne Exklusiv-Titel bleibt der Erfolg einer Konsole aus.

Sony als VR-Pionier im Konsolenmarkt, Microsoft setzt auf Windows 10

Als Konsolenanbieter ist Sony mit seiner Entwicklung der PlayStation VR im Oktober 2016 als erster der großen Drei in den VR-Markt eingestiegen. Die Hardware ist mit der PlayStation 4 Spielekonsole kompatibel und ein echter Verkaufsschlager – im Juni 2017 vermeldete Sony eine Million verkaufte VR-Brillen. Die PlayStation VR ist vollständig in das Sony-Ökosystem integriert und verfügt über etwa 100 Sony VR Spiele (Stand Juni 2017) sowie etwa 30 Exklusiv-Titel. Die VR-Hardware selbst wurde von den Kritikern für ihren Tragekomfort, das gute Design und die einfache Handhabung gelobt. Negativ im Vergleich zu der Konkurrenz aus dem PC-Bereich fiel den Testern besonders die sichtbar schlechtere Grafikdarstellung auf – ein Abstrich, der durch die geringere Leistungsfähigkeit der Playstation und den günstigen Brillenpreis von 399 Euro zu erklären ist. Das System benötigt neben der Playstation 4 ein Kamera-System, einige Spiele benötigen zudem zur optimalen Steuerung die Sony Controller „Move" oder „Aim".

Die große Konkurrenz zur Sony Playstation ist die Microsoft Xbox. Lange wurde erwartet, dass Xbox selbst mit einem AR- oder einem VR-System Sony's VR-Ambitionen im Konsolen-Markt kontert, doch Microsoft enttäuschte die Xbox-Besitzer bis jetzt. Gegenüber dem Online-Magazin „The Verge" äußerte Microsoft Technical Fellow Alex Kipman, dass Microsoft für Mixed Reality völlig auf Windows 10 PC-Systeme setzt. Zudem glaubt er, dass VR für Xbox-Konsolen kabellos sein sollte, was darauf hinweist, dass Microsoft eventuell bereits etwas für die kommenden Xbox-Generationen entwickelt[142].

---

141 http://www.nielsen.com/us/en/insights/news/2015/no-stranger-to-the-video-game-most-eighth-generation-gamers-have-previously-owned-consoles.html

142 https://www.theverge.com/2017/6/6/15745798/microsoft-xbox-vr-headsets-wireless-alex-kipman

Oculus VR setzt auf Exklusivität, OpenVR und auf Offenheit

Neben dem Konsolen-Markt boomt VR auf dem PC-Gaming-Markt. Dort sind gleich zwei Schwergewichte unterwegs: Facebook mit seiner Oculus Rift und Valve mit dem Partner HTC Vive. Beide Anbieter verfolgen interessanterweise unterschiedliche Vermarktungs- und Entwicklungsstrategien. Facebook orientiert sich mit Oculus Rift am Vertriebskonzept von Konsolen, ähnlich wie Sony. Mit Oculus Home hat Facebook ein eigenes Ökosystem aufgebaut, auf dem ein Spieleshop, die gekauften Applikationen, soziale Kontakte und Nachrichten zu finden sind. Das Ökosystem wird beim Beginn jeder Nutzung auf der Brille angezeigt. Oculus Home ist ein geschlossenes System, auf dem in Zukunft möglichst viele exklusive Titel vermarktet werden sollen. Facebook gab bereits 2015 bekannt, dass es etwa 20 Exklusiv-Titel eigens für die Oculus Rift entwickelt. Generell müssen alle VR-Spiele für die Verwendung mit der Oculus Rift angepasst werden. Daneben gibt es zahlreiche AAA-Titel, die sowohl auf Oculus Rift als auch auf anderer VR-Hardware funktionieren.

Exklusivität kommt bei PC-Spielern nicht ganz so gut an. Daher hat die Gaming-Community eine kostenlose OpenSource-Software namens Revive[143] entwickelt, die als Middleware zwischen der Oculus SDK und der Konkurrenz-Schnittstelle OpenVR fungiert, und somit Exklusiv-Spiele von Oculus mit der Hardware HTC Vive kompatibel macht.

Der große Konkurrent zu Oculus Rift ist derzeit noch HTC Vive. HTC Vive bietet ähnliche Leistungen wie Oculus Rift, setzt aber auf die offene Schnittstelle Open VR, die vom Software-Studio Valve entwickelt wurde. Die Philosophie hinter OpenVR ist, dass möglichst viele Hardware-Hersteller und Applikationentwickler auf eine einheitliche Entwicklungsumgebung und Schnittstelle zugreifen können und so für eine zügige Verbreitung von VR sorgen. Es wird erwartet, dass in Zukunft deutlich mehr Hardware für OpenVR angeboten wird als für Oculus VR.

High-End-VR-Datenbrillen für PC

Der wohl größte Wachstumshemmer im VR-PC-Segment ist der Preis für die High-End-Geräte. Spieler gelten als anspruchsvoll, was die grafische Darstellung von digitalen Inhalten betrifft, dementsprechend aufwändig und teuer sind Display-Technik und die Erfassung von Controllern und Körperbewegungen. Das verbauen von günstigen Smartphone-Displays ist für den High-End-Gaming-Bereich aufgrund der anspruchsvollen Kundschaft kein gangbarer Weg. Trotzdem gelten die Preise von rund 600 Euro (Oculus Rift) und 850 Euro (HTC Vive) für den Massenmarkt als deutlich zu hoch.

Neben dem recht hohen Anschaffungspreis der VR- Brillen selbst brauchen Spieler zur flüssigen Darstellung leistungsfähige GPU und CPU im PC. Die Kombination hoher Bildwieder-

---

143 https://github.com/LibreVR/Revive

holungsraten, hoher Anzeigenauflösung und komplexer 3D-Berechnung bringen Einsteiger-Grafikkarten und günstige Prozessoren an ihre Grenzen. Ein VR tauglicher PC kostet derzeit rund 800 Euro[144] aufwärts, um aufwändigere Games mit einer Oculus Rift oder einer HTC Vive zu genießen. Hinzu kommen die jeweiligen Kosten für die VR-Hardware (Brille und Tracker).

Günstige VR-Brillen dank Smartphone

Um wirklich den Durchbruch für VR zu schaffen, müssen die Preise weiter sinken. Rückschlüsse, wo ein guter Preispunkt für die VR-Hardware liegt, lässt die Befragung der Smart-Worker-Umfrage zu. Generell erwarten Konsumenten, dass AR-Brillen etwas günstiger als VR-Brillen sein sollten. Die Erwartungshaltung der Befragten: Die Preisrange sollte im Mittel zwischen 100 und 200 Euro liegen.

Auch die Hersteller haben die Preis-Problematik erkannt und gehen im VR-Bereich mit preisgünstigen Konzepten in den Markt.

Eine Idee, den Preis für VR-Brillen zu senken, ist die Verwendung von Smartphone-VR-Brillen. Die Brille dient nur als Gehäuse mit Linsen und Tragegurt, in den ein Smartphone eingesteckt wird. Die Vorteile dieser Kombination liegen auf der Hand: Smartphones sind weit verbreitet, haben ein integriertes Ökosystem, Bewegungssensoren und ein taugliches Display. Das Smartphone selbst muss natürlich entsprechend leistungsfähig sein, aber für 150 Euro aufwärts lassen sich schon einfache VR-Applikationen mit dieser Kombination erleben. Die Brillengestelle selbst können von Drittanbietern ab etwa 20 Euro erstanden werden – wer vom Originalanbieter wie Google oder Samsung kauft, wird rund 50 bis 100 Euro bezahlen. Für Smartphones gibt es externe Controller, die eine Steuerung von Apps für die virtuelle Welt ermöglichen.

Bekannteste Anbieter dieser Smartphone VR sind derzeit Google mit dem Cardboard oder Daydream Konzept und Samsung mit Samsung Gear VR. Wie die hochwertige Konkurrenz, bieten sie ebenfalls ein eigenes Ökosystem an. Google mit dem Android Shop Google Play Store und Samsung kooperieren mit dem Oculus Shop.

Preisbrecher Microsoft mit Mixed Reality

Eine weitere Methode den Preis zu senken: Einfachere VR-Brillen, die nicht ganz die High-End-Nische bedienen wie die Platzhirsche Oculus und HTC – aber kein Smartphone benötigen. Microsoft schloss dazu Kooperationen mit Hardware-Herstellern und plant Windows 10 als VR- und Mixed-Reality-Plattform zu etablieren. Preissenkungen in der Hardware

---

144 Alle Preise basieren auf den Stand Sommer 2017

werden durch günstigere Linsen und Displays, einfachere Verarbeitung und den Verzicht von Mikrofon und Kopfhörer-Integration erreicht. Dafür sind die derzeit erhältlichen Testmuster leichter als die teurere Konkurrenz und Tester berichten von einem angenehmen Tragekomfort. Die Wiedergabe-Qualität reicht hingegen nicht an die teuren Spitzen-Modelle heran. Preissenkend soll sich zudem der Verzicht auf externe Tracking-Kameras auswirken. Das Modell des taiwanesischen Herstellers Acer hat eine Kamera eingebaut, die die Umgebung scannt und somit ein Tracking der Benutzerbewegung im Raum ermöglicht. Zudem plant Microsoft mit den Kooperationspartnern den Verkauf von Bewegungscontrollern für rund 100 Euro.

Dieses Konzept kann den Durchbruch von VR auf breiter Basis ermöglichen. 300 Euro für eine vollwertige Brille sind vermittelbar und der Verzicht auf externe Tracking-Hardware senkt die Einstiegshürde, ohne dass die Möglichkeiten der Bewegungssteuerung wegfallen. Einziger Knackpunkt: Ein leistungsfähiger PC wird weiterhin benötigt, um rechenintensive VR-Anwendungen flüssig darzustellen. Aber auch hier gibt es bereits Konzepte, um selbst rechenschwache Computer fit für High-End-VR zu machen.

Cloud Services für komplexe VR-Welten

Der GPU-Hersteller nVidia hat in den letzten Jahren sein Portfolio vom Grafikkartenhersteller zum Spezialisten für Big-Data-Analysen erweitert, einige Super-Computer werden mit den GPU des Herstellers befeuert. GPU sind auf die schnelle Berechnung von Bildern optimiert und können daher komplexe 3D-Welten in der Regel schneller berechnen als eine CPU. Seit einiger Zeit bietet nVidia Cloud Services an, in der Spiele in der Cloud auf einer Server-Farm berechnet und dann zum Anwender über das Internet gestreamt werden. Erfahrungen hat der Hersteller bereits mit seiner eigenen Konsole, der nVidia Shield und dem Streaming-Service GeForce now gesammelt. Nun soll das Ganze auf PCs, Netbooks und SmartTVs ohne Konsole möglich werden. Damit werden rechenintensive VR-Welten plötzlich auf nahezu allen Endgeräten möglich, nur der Anschluss für eine VR-Hardware und ein Breitband-Internet werden benötigt. Theoretisch könnten so in Zukunft VR-Welten in der Cloud gerendert werden, die selbst High-End-PCs derzeit nicht darstellen können. Allerdings sind derzeit noch technische Hürden zu überwinden. Besonders die Latenz, die Übertragungsverzögerung vom Anwender-PC bis zum Server und zurück, dauert noch zu lange. Der Spieler erlebt somit eine verzögerte „Reaktion" seiner Spieleumgebung, was den Spielspass deutlich trübt.

VR ohne viel Rechenaufwand 360°-Video und immersive Fotos

Komplexe 3D-Welten in Echtzeit zu rendern benötigt viel Rechenkraft. Ein aufgenommenes 360°-Video oder 360°-Foto kann hingegen jedes Mittelklasse-Smartphone abspielen. Vorgerenderte „Rundumaufnahmen", die zum Anwender gestreamt werden, sind die wichtigste

Brückentechnologie für VR. Mit einer omnidirektionalen Kamera werden ein Bild oder Bewegtbilder aufgenommen und daraus ein Standbild oder ein Video erstellt. Oder es wird über ein 3D-Programm ein 360°-Video aus einer virtuellen Welt gerendert und vorgerendert bereitgestellt. Die Videos können auch ohne Brille über einen Videoplayer, den Webbrowser oder mit Hilfe einer App abgespielt und gesteuert werden. Eine echte immersive Rundumsicht gibt es aber nur mit einer VR-Brille und der passenden Applikation.

Google ermöglicht seit März 2015 über Youtube die Publikation von 360°-Videos, Facebook folgte im September 2015. Vimeo, ebenfalls eine Video-Streaming-Plattform, bietet seit 2017 diese Möglichkeit.

Beispielsweise bei Youtube können die Videos über den Webbrowser angezeigt und per Maus & Keyboard gesteuert werden. Schöner wird es mit der Android App Cardboard von Google. Damit kann jedes 360°-Video auf Youtube in einer Smartphone-VR-Brille problemlos angesehen werden, das Video wird automatisch für die VR-Brille aufbereitet. Die Abrufzahlen der 360°-Videos geben einen Hinweis darauf, wie beliebt die Inhalte sind. Einige 360°-Videos können zweistellige Millionen Abrufe vorweisen. Das sind allerdings eher Ausnahmen. Ein Großteil der 360°-Videos werden zudem ohne VR-Brille betrachtet. Facebook berichtete bereits 2016, dass über eine Millionen Stunden an VR-Videos über die Facebook-Plattform abgerufen wurden. Interessanterweise sind werbliche 360°-Video durchaus beliebt. Ein Werbevideo eines Zahnpasta-Herstellers lockte über 10 Millionen Zuschauer an. Werber glauben daher, dass VR als Werbeplattform eine goldene Zukunft hat. Videos können als Werbeträger für Produkte und Orte eingesetzt werden. Sie können die Produkteigenschaften deutlich besser vermitteln, als schlichte 2D-Aufnahmen. Kunden, die sich bereits vor der Reise auf einer Hotelanlage sprichwörtlich „umsehen" wollen, erfahren durch eine VR-Anwendung einen echten Mehrwert. Gleiches gilt für den Edutainment-Bereich: Schüler können historische Orte besuchen, immersiv durch Körperzellen reisen, bei der Apollo-Landung teilnehmen und sogar virtuell auf kaum erforschte Planeten reisen. Ein Video der Zeitung New York Times in Zusammenarbeit mit der NASA ermöglichte bereits Millionen von Zuschauern eine Reise auf die Oberfläche des Pluto. Der Zuschauer erfährt etwas über die Oberflächenzusammensetzung und kann sogar den Sternenhimmel von der Oberfläche des Zwergplaneten bewundern[145]. Eine solche Immersion lässt sich nur mit einer VR-Anwendung und VR-Brille erreichen und ist konkurrenzlos eindrucksvoll.

VR jenseits von Gaming und Unterhaltung

VR soll nicht nur Filme und Spiele revolutionieren – sondern beispielsweise auch die soziale Interaktion. Wie das aussehen könnte, präsentierte Facebook 2017 mit Facebook Spaces.

---

[145] https://www.youtube.com/watch?v=jIxQXGTl_mo

Facebooks Spaces[146] ist eine soziale VR-Plattform mit dem Slogan „VR ist besser mit Freunden". Eine Art Videochat, in der sich Teilnehmer mit Avataren an einem virtuellen Ort treffen und miteinander sprechen, Bilder austauschen, Videos schauen und gestikulieren können. Mit dieser Applikation wird auch klar, warum ein soziales Netzwerk wie Facebook zwei Milliarden Dollar[147] für den Kauf einer VR-Technologie aufgewendet hat. Der Facebook-Gründer Mark Zuckerberg glaubt, dass VR noch viel Zeit zur Entwicklung nötig hat, aber dem Social VR die Zukunft gehört. Durch eine „Präsenz" im virtuellen Raum, so Zuckerberg, wird die soziale Interaktion wertvoller und natürlicher. Laut Kritikern[148] bleibt allerdings die Frage offen, ob Facebook-Anwender wirklich Lust haben, Facebook mit einer VR-Brille auf der Nase zu nutzen. Und ob es tatsächlich ein Chatraum sein muss, wenn doch schon VR-Spiele schön gestaltete virtuelle Räume zur sozialen Interaktion bieten.

Neben dem Social VR gelten Lernapplikationen als einer der wichtigsten Hoffnungsträger für VR. Mit gutem Grund: Durch die Immersion können komplexe Sachverhalte besser und lebensechter dargestellt werden, als in einem 2D-Film. Zudem kommt bei VR hinzu, dass Anwender durch Bewegung und Interaktion üben können – Virtualität soll somit dem natürlichen Lernverhalten deutlich mehr entsprechen, als die zweidimensionale Wissensdarstellung. Wie man sich das Lernen mit VR in Zukunft vorstellen kann, zeigt Google mit der Applikation Expedition[149]. Die Applikation soll in einer Schulklasse alle Schüler auf eine virtuelle Reise mitnehmen. Jedes Kind braucht dazu eine Smartphone-VR-Lösung. Auf jedem Smartphone ist die entsprechende Expeditions-Applikation installiert. Der Lehrer hat ein Tablet oder Smartphone in der Hand und kann alle anderen Smartphones per App durch ein Lernprogramm führen: beispielsweise in Form einer geführten Reise durch die menschliche Lunge. Dabei sieht der Lehrer in der Applikation, wohin seine Schüler blicken, erhält Texte, die er situationsbedingt vorlesen kann und nimmt so alle Schüler mit auf seine Expedition.

Auch Oculus versucht mit ersten Schritten VR und Education zu verbinden und Zielgruppen zu erreichen, die sich die teuren Systeme nicht leisten können. In Zusammenarbeit mit der California State Library wurden 100 VR-Stationen in 90 öffentlichen Bibliotheken aufgebaut, in denen Anwender interaktiv ausgewählte VR-Applikationen nutzen können, um ihr Wissen zu vertiefen[150].

....

146 https://www.facebook.com/spaces

147 https://de.wikipedia.org/wiki/Oculus_Rift

148 http://www.pcworld.com/article/3190802/virtual-reality/hands-on-oculus-rifts-spaces-shows-facebook-doesnt-understand-social-vr.html

149 https://edu.google.com/expeditions/

150 https://www.oculus.com/blog/oculus-education-pilot-kicks-off-in-90-california-libraries/

Es gibt inzwischen zahlreiche Anwendungsentwickler, die in Zusammenarbeit mit VR Ausbildungs- und Weiterbildungsprogramme entwickeln. Das Unternehmen Labster bietet speziell für die Labor-Ausbildung interaktive, immersive VR-Anwendungen an, die bereits in Universitäten zur Ausbildung eingesetzt werden[151]. Studenten können in virtuellen Laboren experimentieren, Arbeitsabläufe lernen und sich Experimente anschaulich erklären lassen.

Auch der Entwickler Unimersiv glaubt daran, dass „learning by doing" am besten funktioniert – und dass sich dies über VR-Anwendungen am besten umsetzen lässt. Das Unternehmen bietet laut eigenen Aussagen mit der Unimersiv-App die größte Plattform für VR-Lerninhalte an. Über die Applikation können Anwender beispielsweise das virtuelle Modell des Römischen Kolosseums oder Stonehedge besuchen, den Aufbau des menschlichen Körpers studieren oder sich den Aufbau des Gehirnes mit einem virtuellen Modell begreiflich machen.

Auch Sprachen lernen soll mit VR einfacher gehen. Der Anbieter Mondly will das Sprachenlernen mit VR revolutionieren[152]. Dazu wird der VR-Nutzer in virtuelle Alltagssituationen gebracht, beispielsweise in ein Restaurant, wo er sein Essen bestellen muss. Mondly verbindet dabei VR mit Maschinenlernen; um eine verbale Interaktion zu ermöglichen, wird ein Sprachroboter eingesetzt. Er hört, was der Anwender sagt und reagiert im Dialog darauf. In der Praxis ist das System laut Presseberichten[153] noch nicht ganz ausgereift – zeigt aber das Potential für immersives Lernen.

VR kann auch zur Angstbewältigung effektiv eingesetzt werden. Wer zum Beispiel Redeangst vor großem Publikum hat, kann auf einer virtuellen Bühne vor Publikum seine Rede üben und sogar seine eigene Präsentation einbinden[154]. Eine kreative Möglichkeit Patienten Ängste zu nehmen, sogar Schmerzen zu lindern, hat sich das Unternehmen AppliedVR auf die Fahne geschrieben. Das Unternehmen selbst bezeichnet sein Angebot als Netflix für zertifizierte, therapeutische Applikationen. Laut eigenen Studien kann beispielsweise eine geführte Mediation mit VR-Brille Angstzustände nachweislich mildern[155].

Die vielfältigen Anwendungsbeispiele zeigen, dass es für Anwender durchaus zahlreiche VR-Anwendungen jenseits von Games und Entertainment gibt. Derzeit werden Millionen

---

[151] https://www.labster.com/testimonials

[152] https://www.oculus.com/experiences/gear-vr/1272636489423125/

[153] https://www.digitaltrends.com/virtual-reality/mondly-virtual-reality-languages-samsung-gear-vr-rosetta-stone/

[154] https://virtualspeech.com/

[155] https://appliedvr.io/research-media

Euro in die VR-Anwendungsentwicklung[156] investiert, in der Hoffnung darauf, dass VR in den nächsten Jahren durchstartet.

Die Zukunft von VR und Massenmarkt – eine Prognose

Spätestens seit dem Jahr 2016 und seinen zahlreichen technologischen Durchbrüchen gilt VR als massenmarkttauglich. Doch die Erfolgsprognosen für VR sind nicht eindeutig. Kritiker sagen, dass VR zwar im professionellen B2B-Bereich ein hohes Potential hat, für Endanwender wäre VR hingegen zu umständlich, zu teuer und abgesehen vom Gaming schlichtweg nicht interessant genug. AR wird allgemein deutlich mehr Massentauglichkeit zugetraut. Nüchtern betrachtet mangelt es derzeit immer noch an Anwendungen, den berühmten „Killer-Applikationen", die den Kunden davon überzeugen, die Zusatzkosten für VR-Hardware in Kauf zu nehmen. Einer aktuellen Nielsen-Studie zufolge gibt es einfach zu wenig Kaufinteresse bei Konsumenten, selbst bei Enthusiasten wie Gamern. Anderseits sehen die Marktforscher einen klaren Zusammenhang zwischen VR-Erlebnis und Kaufinteresse. Wer VR erlebt hat, hat ein deutlich gesteigertes Interesse – VR ist also für Anwender durchaus ein positives Erlebnis[157]. Anderseits kämpfen die VR-Konsumenten immer noch mit den unangenehmen Nebeneffekten, die inzwischen unter dem Begriff VR-Krankheit[158] zusammengefasst werden.

Optimisten sehen hingegen VR als die nächste Medien-Revolution und gehen davon aus, dass VR in den normalen Alltag Einzug halten wird. Zur Nutzung von sozialen Plattformen, für das Lernen zu Hause, für den Medienkonsum und für Kaufentscheidungen, vom Kauf einer Reise oder eines Kleidungsstücks bis hin zu der Möglichkeit, der Realität für ein paar Stunden zu entfliehen.

Aller Voraussicht nach wird die Verbreitung von VR deutlich hinter derjenigen der kommenden AR liegen. AR reichert die Realität mit Informationen an, bei VR wird der Anwender aus der Realität herausgenommen, was die Anwendungsmöglichkeiten deutlich einschränkt. AR kann unterwegs und in der sozialen Interaktion als Bereicherung eingesetzt werden, VR findet meist zuhause oder in geschlossenen Räumen statt. Wie realistisch die Zukunft von VR im Konsumermarkt aussehen könnte, zeigt ein Blick nach Japan. Dort will Sony Spielhallen und Erlebnisparks mit VR-Systemen ausstatten. In solchen Umgebungen können höhere Investitionen in Hard- und Software besser finanziert werden – das heißt, ohne den Käufer mit hohen Anfangsinvestitionen zu belasten.

---

[156] https://venturebeat.com/2016/10/03/vcs-invest-record-500-million-in-augmented-and-virtual-reality-in-q3/

[157] http://www.nielsen.com/us/en/insights/news/2016/reality-check-a-peek-at-the-virtual-audiences-of-tomorrow.html

[158] https://de.wikipedia.org/wiki/VR-Krankheit

Interessant: Der Netzwerkspezialist Cisco veröffentlicht regelmäßig Netzwerkanalysen über den aktuellen Internet-Datenverkehr. Schon heute läuft 13% des Internet-Datenverkehrs über Smartphones – in Zukunft wird der mobile Datenverkehr sogar den von stationären PCs übersteigen. Da Smartphones in Zukunft als VR-Endgeräte eher an Bedeutung zunehmen, eine wichtige Kennzahl. Cisco prognostiziert zudem eine 20fache Zunahme des Datenverkehrs von VR- und AR-Inhalten bis 2021, verursacht vor allem durch den Download von VR-Applikationen. Der Netzwerkspezialist prognostiziert zudem einen kräftigen Anstieg von immersiven Videos, die Netzwerkbetreiber vor neue Herausforderungen stellen – die 360°-Videos haben eine 3 bis 10-fache Bitrate und brauchen somit ein Vielfaches an Datenvolumen[159]. Kurzum: virtuelle Realität wird Realität, sie wird allerdings aller Voraussicht nach hinter der Augmented Reality weit zurückbleiben. Ob sich VR aus dem Nischenmarkt lösen kann, bleibt abzuwarten. Es kann auch sein, dass Anwender sich in Zukunft nicht mehr zwischen AR und VR entscheiden müssen – sondern alles fließend im Rahmen von Mixed Reality Hard- und Software abgebildet wird.

Fazit und Technologie-Ausblick

Zwischen dem Beginn des Buchprojekts und diesem Schlusswort liegt nun ein bisschen mehr als ein Jahr. Damals startete gerade Pokémon Go als eine der ersten AR-Anwendungen für Enduser durch. Obwohl sich der Spielspass auf das Handy oder das Tablet beschränkte, sorgte das Spiel des Unternehmens Niantic für Menschenansammlungen und teilweise chaotische Verhältnisse in den „Battle-Zones" der Städten. Jedoch schon nach wenigen Monaten ebbte die Begeisterung für das Monsterplay bei vielen Spielern ab, und sie zogen sich von der Wildnis der Straße und dem Dickicht der Städte wieder in ihre vier Wände zurück. Dort gab es mehr zu erleben. Denn die aufgerüsteten Spiele-Konsolen der neuesten Generation versprachen durch ihre emersiven AR/VR-Erweiterungen noch aufregendere Erlebnisse. Durch eine Handvoll Euros mehr konnte man sich mittels eines Gear-Sets zusammen mit einem SmartPhone, oder besser noch mit einer guten AR/VR-Brille und Hand-Controllern virtuell mit einem Lichtschwert in „eine ferne Zukunft"[160] begeben, um als Jedi-Ritter zu kämpfen. Und dies war erst der Anfang. Die Auswahl neuer AR/VR-Spiele und -Anwendungen steigt von Monat zu Monat, sodass Ausflüge in eine animierte Welt, sei es als Pilot in einem computergeschaffenen Gleitschirm oder als Fahrer eines virtuellen Rennwagens bald als simple Abenteuer erscheinen werden.

Kaum erstaunlich, dass Niantic Ende November 2017 verkündete, dass an einer neuen Pokémon Go Version gearbeitet werde. Nach nur einem Jahr war dieses Top-Produkt schon

---

159 https://www.cisco.com/c/en/us/solutions/collateral/service-provider/visual-networking-index-vni/vni-hyper-connectivity-wp.html#_Toc484556827

160 Golem.de „Lichtschwertwirbeln im Wohnzimmer" Star Wars Jedi Challenges im Test: https://glm.io/131206

beinahe am Ende. Deshalb muss sich das US-Unternehmen mit seinen kleinen Monstern jetzt ordentlich ins Zeug legen, um verlorenes Terrain wieder gut zu machen. Denn die Fortschritte, die AR/VR-Technologien in nur einem Jahr gemacht haben, sind gewaltig. Das betrifft vor allem die Qualität der Spiele, die der Wettbewerb auf den Markt gebracht hat.

Obwohl der Anteil VR-Headsets zum Beispiel bei Sony noch immer im einstelligen Prozentbereich liegt[161][162], muss dennoch davon ausgegangen werden, dass ihnen die Zukunft gehört. Das mag auch daran liegen, dass bei der japanischen Firma für das Headset noch einmal ein ordentlicher Batzen Geld auf den Tisch gelegt werden muss, während Spieler, die auf die Plattform Steam setzen, nur durch die reinen Spiele-Kosten belastet werden, da sie meist schon eine HTC Vive oder eine Oculus Rift besitzen.

Das Beispiel Pokémon Go zeigt, mit welchem Tempo sich AR/VR entwickeln. In nur 12 Monaten hatte das gehypte Spiel beinahe alle Phasen seines Produktlebenszyklus durchlaufen. Während dies in der analogen Welt normalerweise ein mehrjähriger Prozess ist, verlief diese Entwicklung beim Niantic Produkt im Zeitraffer. Zwischen Produkteinführung und Ende des Booms liegt nicht mehr als ein Drittel Jahr. Das beängstigend rasante Tempo ist für viele erschreckend und schürt daher Vorbehalte gegenüber diesen neuen Technologien. Dennoch ist gerade die große Geschwindigkeit eher der Beweis dafür, dass der Mensch immer noch im Mittelpunkt dieser Entwicklungen steht.

Binnen Jahresfrist hat sich das technische Leistungsangebot deutlich gesteigert. In der Zwischenzeit haben sich VR Brillen von den Fesseln des Datenkabels lösen können. Und, schon in naher Zukunft werden AR-Brillen die notwendige Betriebsenergie durch eine spezielle Beschichtung ihrer Brillengläser direkt von der Sonne beziehen – oder wie schon weiter oben beschrieben durch Infrarotlicht-Quellen[163] oder Radiowellen[164]. Von den letzten beiden Innovationen werden auch VR-Brillen profitieren können. Denn gerade bei der Planung großer

---

[161] Golem.de: Sony „Beklemmende Szene aus The last of Us2 und Neuheiten": https://glm.io/130891

[162] Golem.de: Sony: „Weniger als 3 Prozent der PS4 Besitzer haben das Headset": https://glm.io/131593

[163] Das israelische Unternehmen WI Charge lädt Strom via Infrarotlicht an Anschlussgeräte: www.wi-Charge.com Die Möglichkeiten sind hier noch nicht einmal im Ansatz ausgereizt. Das Potential ermöglicht schon ein Test anderer Organisationen (UNI) neben Strom auch die 100 mal schnellere Datenübertragung als WLAN: www.pressetext.com/news/20170320015

[164] Die US Behörde Federal Communication Commission (FCC) hat am 27. Dezember 2017 Energous die Funkerlaubnis zur Energieübertragung mittels Radiowellen erteilt: fortune.com/2017/12/27/energous-fcc-approval-wireless-charging/

Industrie-Anwendungen oder komplexeren Spielen ist die virtuellen „Welt am Draht"[165] arg behindernd. Dazu kommen viele, kleine Innovationen, wie die Verbesserung des Tragekomforts und der Display-Technik.

Durch eine erhöhte Auflösung der Bildschirme von AR/VR-Brillen und eine beschleunigte Bildwiederholrate kommen Nutzer dieser Brillen in einem nie dagewesenen Genuss neuer Wirklichkeiten – seien sie virtuelle Ergänzungen der Realität oder der realangereicherten Virtualität. Dazu kommt noch eine gesteigerte Empfindlichkeit der Lagesensoren-Technik. Dank dieses Fortschritts ist eine noch präzisere Orientierung für VR-Anwendungen im Raum möglich.

Aufmerksamkeit ist Höflichkeit und Achtsamkeit

Egal, ob es sich um ein Spiel, eine industrielle, eine unterhaltende oder eine medizinische Anwendung der AR-Brille handelt, die Fortschritte steigern die Fähigkeiten der Menschen. Sie erleichtern ihnen die Kommunikation, den Zugang zu mehr Wissen und bereichern ihr Leben.

Alle Innovationen rund um AR/VR zielen auf mehr Ergonomie und Komfort für den Nutzer. Es mag sein, dass das Sammeln personalisierter Daten bei Augmented und Mixed Reality beunruhigend ist und Besorgnis erregt. Dies liegt in der in der Natur der Sache. Schließlich ist eine Lieferung kontextbezogener Informationen ohne persönliche, Raum- und GPS-Daten kaum möglich. Sie sind die Basis für eine virtuell gesteigerte Wirklichkeit. Dabei ist zu berücksichtigen, dass die Weitergabe dieser persönlichen Daten kaum das jetzt schon mögliche Maß an Datenweitergabe übersteigt. Dies hängt sehr von der individuellen Zustimmung zur Datenfreigabe jedes Einzelnen ab – zum Beispiel bei seinem Smartphone. Schließlich räumen wir vielen App-Anbietern umfangreiche Zugriffsrechte auf unsere Daten ein – das gilt insbesondere für Gratis-Apps. Nur bei eingeschalteter Kamerafunktion übersteigt die Datenerfassung einer AR-Brille die eines Smartphones. Mit ihr würde jede Begegnung mit Freunden, Kollegen, aber auch mit Fremden aufgezeichnet.

Noch sind AR-Brillen nicht so weit entwickelt und verbreitet, dass die Erfassung fremder Personen durch sie eine allgemeine Gefährdung gegen das Recht am eigenen Bild darstellen könnte – wenngleich diese Problematik evident ist. Dafür müsste sich eine technische Lösung finden lassen. Das könnte ein „rotes Aufnahmelicht" sein, dass das Gegenüber auf die eingeschaltete Aufnahmefunktion der Brille hinweist. Auch ein gewisses Maß an

---

[165] Die"Welt am Draht" ist ein Film von Rainer Werner Faßbinder aus dem Jahr 1973 nach der Science Fiction Vorlage „Simulacron3" von Daniel F. Galouye. In einer Simulation erkennt der Protagonist, dass er selber nur ein Teil einer übergeordneten Simulation, also selbst eine Figur in einer virtuellen Welt ist: de.wikipedia.org/wiki/Welt_am_Draht

Anstand des Brillenträgers gehört dazu, andere höflich über eine Aufnahme zu informieren oder sie selber abzustellen.

Ob aber die Kamerafunktion einer AR-Brille im Alltag überhaupt permanent eingeschaltet sein wird, ist fraglich, denn sie würde andauernd AR-Daten zu Gegenständen, Orten und Geschäften liefern und ihren Träger damit ununterbrochen mit Informationen überfluten. Geschieht das fortwährend, dann könnte dies zu einem „Hans guck in die Luft"[166]-Problem oder zu einer deutlich verminderten Aufmerksamkeit der Brillenträger führen – wodurch sie zum Beispiel Fußgänger oder Radfahrer im Straßenverkehr gefährden würden.

---

166 Heinrich Hoffmann aus: Der Struwwelpeter - 1845

13 Wie AR unser Leben beeinflussen wird

Bei realen Einsätzen in der Industrie, im TV, bei Events und sehr bald auch im alltäglichen Leben wird die AR-Brille stetig an Bedeutung gewinnen. Vorzugsweise an der Schnittstelle zwischen Mensch und Maschine kann sie ihre Stärken ausspielen und zwar immer dann, wenn sie als digitales Double Verwendung findet[167] oder wenn die Wirklichkeit ganz neuen Realitäten Raum geben soll. In der Industrie wird AR zum Beispiel die Produktion vor Ort kontrollieren[168]. Mediziner werden mit AR-Brillen geschult oder führen unter Fern-Anleitung komplizierte Operationen weitab von den medizinischen Zentren der Welt durch. Aus der Ferne können Bauern bereits jetzt mit einem AR-HMD, unterstützt durch Drohnen, optisch den Reifegrad ihrer Feldfrüchte messen. Eine Kombination von AR/Drohne und „Künstlicher Intelligenz" wird den Landwirt der Zukunft zur Transformation seiner herkömmlichen Landwirtschaft hin zu einem automatisierten 24h/7d „Farming 4.0"[169] verhelfen.

Schon jetzt setzen Biologen, Geologen und Naturschützer unbemannte Flugkörper mit multispektralen Kamerasystemen ein, um an wichtige Boden- und Kontaminations-Daten von großen Industriebrachen, Baugründen und Natur- und Wasser-Schutzgebieten zu gelangen[170]. Den Überblick behalten sie natürlich mit einer AR Brille. Dadurch werden Fehl-Investitionen auf belastetem Baugrund verhindert. Das Verfahren erspart Bauherren und Behörden viel Geld. Denn eine umfangreiche Ortsbegehung oder – noch aufwendiger– eine Täufung entfällt[171].

Leicht abgewandelt kann die gleiche Technologie zum Gewässerschutz an Flüssen[172] und weitläufigen Seen, oder zum Beispiel für die Bestimmung des Entwicklungszustands von Insektenpopulationen am Alt-Rhein eingesetzt werden.

---

167 Bitkom Research für Ernest &Young 22. November 2017 – Industrie 4.0: Status Quo und Perspektiven Slide 25

168 Siehe Horst Wildemann „Die digitale Chance" in Harvard Business Manager 11-2016 S.86-92 Hier: S.88 (Der Einsatz von AR Brillen in der Produktion bei Daimler; AR Brille markiert die Einsatzbereiche an den Maschinen, an denen die Mitarbeiter tätig werden sollen)

169 Farming 4.0 wird den Düngemittel, Pestizid und Wasser- Einsatz digitalisiert überwachen, reduzieren und optimieren. Während der Erntezeit koordinieren AR/Drohnen den zeitoptimierten und koordinierten Einsatz von Erntemaschinen.

170 Referenz dafür ist das deutsche Unternehmen DroneIT: www.droneit.de, technologischer Partner des Fraunhofer Instituts und der TU München.

171 DroneIT: www.droneit.de

172 In Dänemark werden Drohnen zum Schutz der Fließgewässer eingesetzt: www.pressetext.com/news/20171011021

Der Polier als Pilot

Im Baugewerbe wird spätestens 2020 „Building Information Modelling" (BIM) Vorschrift bei allen Ausschreibungen werden, das heißt, dass sich das Bauhandwerk mit seinen komplexen Gewerken einem umfassenden IT Projektierungssystem unterwerfen muss. Dass hier AR-Technologien unumgänglich sind, liegt auf der Hand. Denn bei BIM gibt Augmented Reality Auskunft über die zu leistenden Gewerke und dokumentiert sie zugleich in einer für alle beteiligten Handwerksbetriebe zugänglichen und maßgeblichen Datenbank. Doch AR-Technologien kommen ebenso im Sicherheitsbereich von Bauprojekten zum Einsatz: Und zwar durch Drohnensteuerung.

Seit dem Herbst 2017 ist für größere Drohnen der so genannte Drohnenführerschein Vorschrift. Ab einem Gewicht von fünf Kilogramm müssen sich angehende Drohnen-Flugkapitäne einem Eignungstest unterziehen. Denn, mit den Jahren hat sich aus einem aufregenden Spielzeug ein hochprofessionelles Business entwickelt. Wurden diese vielseitigen Flugkörper in ihren Anfangstagen im Amateurbereich auf Sicht gelenkt, so fliegen Profis sie heute über größere Distanzen und mittels eines AR- „Head-up Displays" (HMD)[173]. Dies ist GPS-gesteuert, autonom und durch die AR-Brille überwacht möglich.

Dadurch eignet sich ein AR-HMD in Kombination mit einer Drohne als ein wesentlicher Baustein für die Sicherheit und die Absicherung von Bauprojekten. Der Polier kann mit einer Drohne nach einem vorgegebenen Raster das Baugelände mindestens einmal täglich abfliegen und sich so über den Stand der Gewerke sowie der Anzahl und Vollständigkeit der Bau-Materialien auf dem Baugelände orientieren und den Baufortschritt dokumentieren[174].

Überblick und Weitblick

Kameraleute, Regisseure und Journalisten haben ihren eigenen Blick auf die Szene, auf den Ort des Geschehens, auf die Realität und für ihre Berichterstattung. AR-HMDs erlauben ganz neue Kameraführung und völlig neue Perspektiven. Dabei ist es gleichgültig, ob der Kameramann seine Kamera wie im Bild als Steady-Cam dicht am Körper führt oder um bei dieser Aufnahme zu bleiben, seinen Blick nach oben zum Treppenende richtet. Über das HMD hat er volle Kontrolle über das Bildgeschehen, ohne über eine Treppenstufe zu stolpern, weil er beim Aufwärtsgehen auf seine Schritte achten kann.

---

[173] Brother AirScouter WD 300: youtu.be/2qmS4FQEt7A

[174] Referenz dafür ist das deutsche Unternehmen DroneIT: www.droneit.de, technologischer Partner des Fraunhofer Instituts und der TU München.

Moral zeigen

Aber es sind nicht nur die technischen Vorteile, warum Menschen in AR mehr als nur ein Werkzeug zur Darstellung einer augmentierten Wirklichkeit sehen. Sie gibt ihnen als Instrument – beispielsweise als Brille das Gefühl, auch in einer Welt, in der „künstliche Intelligenz" (KI) zunehmend die Entscheidungsprozesse bestimmt, Kontrolle ausüben zu können. In diesem Sinne gibt AR den Menschen ein größeres Maß an Sicherheit. Durch eine AR-Brille kann der Mensch korrigierend eingreifen. Ihre bloße Existenz ist schon ein Beweis, dass der Mensch immer noch Herr über die Technik ist. Schließlich braucht KI keine AR-Daten, ihr reicht schlicht die Datenfülle, um eine Entscheidung treffen zu können. Anders der Mensch. Seine Entscheidungsfindung wird gleichfalls von emotionalen, geschichtlichen, sozialen und wissenschaftlichen Fakten in einer subjektiven Zusammenschau geleitet und von seinen Erfahrungen bestimmt. Eine AR-Brille ergänzt diese Entscheidungssphäre durch die Informationserweiterung, die dem Menschen helfen soll, angemessene Entscheidung zu treffen.

Deshalb können sich Menschen moralischen Entscheidungen, die aus einer puren KI-Datenanalyse resultieren, seien sie wirtschaftlicher, wissenschaftlicher oder gar soziologischer Natur, nur sehr schwer fügen. Es beängstigt viele Menschen, dass eine Maschine, gelenkt ausschließlich durch Algorithmen und einem logischen Kalkül, ethische Entscheidungen auch über Leben oder Tod trifft. Der Mensch mag perfekt sein oder nicht, handelt er falsch oder fahrlässig, bleibt er Mensch. Fehlentscheidungen gehören zu seiner Natur und werden als „allzu menschliche" Übel schmerzlich toleriert und akzeptiert. Eine reine Computer- oder Maschinen-Entscheidung würde sie hingegen vermutlich ablehnen.

Auch deshalb ist AR zum Beispiel als Brille eine Bestätigung, die die Bedeutung des Menschen unterstreicht.

Seite 96-97; Alles im Blick: Professionelle Drohnensteuerung mit AR-Brille

Interviews und Anhang

Interview mit Prof. Dr. Engelbert Westkämper (ehemaliger Leiter des Fraunhofer Instituts für Produktionstechnik und Automatisierung (IPA) (11. April 2017)

Im Bereich Augmented Reality im industriellen Bereich gibt es vielfältige Schnittstellen zwischen IoT-Systemen bei Wartung, Service usw.

Zunächst muss ich erst einmal feststellen, dass ich nicht der Experte für die IT-Seite von AR-Systemen bin. Aber ich kann mir durchaus AR-Anwendungen in zwei Bereichen vorstellen. Zum einen betrifft das die Montage selbst und zum anderen Instandhaltung, Service und De-Montage.

Was mir aber immer noch sehr viel Sorge macht, ist der relativ hohe Aufwand für die Vorbereitung. Schließlich muss man die digitalen Bilder und Bilder erzeugen. Anschließend muss man sie in die Produktionswelt hineinprojizieren und das funktioniert nur, wenn sie im Detail stimmt. Bei unscharfen oder ungenauen Daten hat der Mitarbeiter erhebliche Probleme diese Daten in der Montage umzusetzen. Man muss daher ganz klar feststellen, der Vorbereitungsgrad für die Montage ist hoch, sehr hoch! Und folglich sind die in der Umsetzung sehr gut einzuführen, wenn es um sehr komplexe Anwendungen mit einer hohen Stückzahl geht. Komplexe Produkte und hohe Stückzahlen, das sind für mich die Anwendungsfelder, die sich am ehesten für AR in der Industrieproduktion lohnen werden.

Hier bewegt sich im Augenblick eine ganze Menge. Vor allem AR schafft die Verbindung zur digitalen Welt, zur ihrer digitalen Abbildung und ihren Prozessen. Das kann sie heute schon ganz gut. Aber die zentrale Frage ist, wie aktuell sind die Daten? Das muss schon voll umfänglich in diese digitale Welt hinein eingebettet werden. Das darf nicht auf einzelne Prozesse beschränkt bleiben! Wie gesagt, das bezieht sich nur auf komplexe Prozesse und große Stückzahlen.

Sind es einfache Prozesse und geringe Stückzahlen kann das der Mensch bis jetzt noch schneller und besser.

Bei der Autohimmel-Produktion eines deutschen Herstellers arbeiten die Mitarbeiter dort bereits acht Stunden mit der Google Glass Brille. Wie beurteilen Sie das?

Das ist sicherlich eine serielle Fertigung innerhalb der Autoproduktion. Die Schwierigkeit liegt darin, dass diese Autohimmel mit einer gewissen Wiederholhäufigkeit und individuell bestückt werden. Es besteht also eine hohe Komplexität.

Audi hat vergangenen Herbst einen Teil seiner Produktion in eine so genannte „mobile Montage" umgewandelt. Heißt das jetzt, dass verschiedene Modelle in einer Produktionsstraße sich gegenseitig überholen können. Also dass zuerst ein A6 und dann ein A3 auf der gleichen Produktionsstraße gebaut werden kann; oder eine Luxus-Ausstattung von einer Standard-Ausstattung auf einem Nebenproduktionsmodul überholt wird? Sind wir jetzt schon so weit, dass dies schon ein Produktionsstandard wird?

Na ja, so simpel ist das nicht. Denn im Grunde muss das gesamte System stimmen. Von einer solchen Lösung träumen viele Hersteller schon seit langem. Nämlich, dass auf einer Produktionslinie verschiedene Typen produziert werden können. Aber hier geht es natürlich nicht einfach um Montagestationen, sondern um das gesamte Montage-System. Da sind einzelne Montage- und Prüfstationen genauso wie Roboter enthalten. Das können leicht 150 oder mehr einzelne Stationen sein, die ein Auto in der Endmontage durchläuft.

Wenn in der Produktionsstraße unterschiedliche Autotypen produziert werden, dann müssen alle einzelnen Stationen auf diese Modelle eingerichtet werden. Da liegt die Schwierigkeit, an der die Hersteller noch scheitern. Deshalb kann das heutzutage nur bei typenreinen Systemen funktionieren. A4-Linien könnten mit A5-Linien, weil sie sehr ähnlich sind, kombiniert werden. Zwar sind die Karosserien anders, aber in der Innenausstattung ziemlich identisch oder zumindest sehr ähnlich. Jedoch einen A3 auf einer A5-Produktionsstraße zu bauen, das geht immer noch nicht.

Aber innerhalb einer solchen Linie wären dann Anwendungsfelder für AR. Zum Beispiel, wenn der Mitarbeiter an einer solchen Montage-Insel unterschiedliche Ausstattungsvarianten überwachen oder ihren Einbau steuern muss. Hier wäre doch eine Datenbrille sehr hilfreich?

Das sind Fälle, in denen man sich einen solchen Einsatz vorstellen kann, aber auf der ganzen Produktionslinie noch nicht. Das beschränkt sich auf einzelne Einbaugruppen. Dazu kommt, dass an einer solchen Montagestation die einzeln ankommenden Teile identifiziert und dann auch entsprechend montiert werden müssen.

Schon bei der normalen Produktion ist die Montage einigermaßen fehleranfällig. Das sind zufällige, aber auch Handhabungsfehler, die nun mal passieren. Manchmal wird etwas vertauscht oder es wird nicht die richtige Konfiguration getroffen. Das ist ein vielschichtiges Thema, das schon bei der Logistik beginnt und bei jedem einzelnen Schritt stimmen muss. Deswegen muss ich immer wieder betonen, dass das gesamte System auf eine solche Technologie vorbereitet werden muss.

Das A und O für den Einsatz einer Datenbrille ist für mich, dass sie den Mitarbeiter bei den eigentlichen Montagetätigkeiten nicht behindern darf. Er muss seine Hände unbedingt frei haben. Deshalb kann ich mir das sehr gut bei der Innenausstattung im Flugzeugbau vorstellen.

Wie könnte man aus Ihrer Sicht die Bedeutung von Augmented Reality für die Produktion am besten beschreiben?

Das Wichtigste bei AR ist, dass sie graphische Informationen zu Produkten und Komponenten bis an den Arbeitsplatz, an die Schnittstelle des „Cyber-Physischen Systems" und damit in den Wahrnehmungsbereich des Menschen hineinbringt. Sie unterstützt den Menschen Montage-, oder De-Montage-Arbeiten schneller umzusetzen und vor allem die Produktionsaufgabe besser zu verstehen, zu begreifen und entsprechen danach zu handeln. Das ist schon eine ordentliche oder eine gute Entwicklung, die hilft, präziser Informationen zum Mensch/Maschine-System zu bringen.

Was sind Ihrer Meinung nach die betrieblichen Hemmnisse, die man überwinden muss, um AR zum Durchbruch zu verhelfen?

Ich finde AR gut, nein, sie ist hervorragend und sie hat Anwendungsperspektiven. Für die industriellen betriebswirtschaftlichen Gesichtspunkte muss man den Aufwand sehen, der notwendig ist, um AR in einem Unternehmen zu realisieren. Der ist wiederum vom Vorbereitungsgrad für die Informationen abhängig, um AR mit ihrer grafischen Aufbereitung in einem Unternehmen überhaupt erst möglich zu machen. Einfach wäre es, wenn diese Daten schon vorhanden sind. Das können grafische Daten zu den Produkten und Komponenten sein, oder Stücklisten usw. sein.

Aber bisher wissen wir noch nicht, was für die AR-Technologie im industriellen Umfang wirklich an Vorbereitungsaufwand notwendig ist. Im Augenblick gibt es noch keine Studien, die hier diese Kostenseite betrachten. Analog ist das aus Arbeitsstudien bekannt, die diesen Aufwand bei getakteter Produktion beleuchten. Man muss hier von einem Verhältnis von etwa 1:100 ausgehen. Das heißt, für eine Stunde Produktion sind ungefähr 100 Stunden Vorbereitung notwendig. Daran wird auch sofort deutlich, was ich vorhin mit serieller Produktion gemeint habe. Erst bei hohen Stückzahlen und einer komplexeren Produktion lohnt sich ein solcher Vorbereitungsaufwand. Diese Zusammenhänge sind bei Arbeitsstudien schon erforscht worden, jedoch gibt es bei AR bis jetzt noch keine Studie, die den Vorbereitungsaufwand bei AR zum Gegenstand hatte.

...und wie gesagt der Aufwand ist hoch. Virtuelle Objekte, die in eine AR-Umgebung eingefügt werden, müssen zuvor schon exakt digital definiert und in einer Datei hinterlegt werden. Das kostet Zeit, für die ein Mitarbeiter extra abgestellt werden muss. Er muss diese Bilder präzise zeichnen. Denn das Objekt muss vor dem industriellen Einsatz in eine genaue 3D Konstruktion umgewandelt sein. Und das ist gar nicht so selbstverständlich. Etwa 80 Prozent der Konstruktionsarbeiten in deutschen Unternehmen laufen immer noch in 2D und nicht in 3D! Hier sehe ich das Haupthindernis, das einen schnelleren Durchbruch von AR verhindert. Nur dort, wo schon 3D im Einsatz ist, kann AR auch vorankommen. Das trifft insbesondere auf die Großindustrie und hier insbesondere auf die Automobilhersteller zu. Hier ist, das kann man wirklich so sagen, 3D ein wesentlicher Bestandteil des Konstruktionsprozesses. Jedoch, wenn man die Industrie im Querschnitt betrachtet, dann ist 2D immer noch dominierend!

Prof. Dr. Engelbert Westkämper, wir danken Ihnen für dieses Interview

Interview mit Stefan Rojacher
Pressesprecher bei Kaspersky Deutschland am 06. April 2017

Herr Rojacher vor kurzem hat Kaspersky seine Industrial CyberSecurity gelauncht, ein Sicherheitspaket für IoT und Industrie 4.0. Wie hoch ist das Gefährdungspotential für AR/VR?

Da hängt viel von den Beweggründen eines Hackers ab. Ein Angriff muss sich für ihn lohnen. Der „Ertrag" muss in einem guten Verhältnis zum Programmier-Aufwand für das Schreiben einer Malware stehen - denn dieser Aufwand ist für den Hacker ziemlich groß. Andererseits wäre sein Ertrag im Augenblick noch ziemlich gering, denn es gibt eben noch nicht genügend VR- oder AR-Devices. Man ist hier doch noch sehr weit weg von Verkaufszahlen wie wir sie von Smartphones kennen.

Ein Hacker kann also relativ wenige seiner Ziele erreichen. Dazu kommt, dass finanziell ziemlich wenig für ihn herausspringt, trotz des Aufwandes, den er für seine kriminellen Machenschaften betreiben muss. Betrachtet man die Kosten/Nutzen-Relation für Hacker im AR/VR-Markt, ist sie jetzt noch wenig „aufregend".

Kann man so eine Kosten/Nutzen-Relation bei dieser Verbreitung von AR/VR-Devices überhaupt prozentual erfassen?

Nein, dazu ist die Verbreitung von AR/VR noch viel zu gering. Aber als Beispiel für die Ziele eines Hackers kann man zum Beispiel die Verbreitung von Android oder von Windows-Rechnern nehmen. Beide Software-Systeme sind extrem verbreitet. Als Hacker kann ich meine Malware hier extrem breit streuen. Mein Programmieraufwand ist relativ gering, da ich auf bestehende Software Suiten zum Hacken zurückgreifen kann, oder durch ein paar Eingriffe mein „Produkt" leicht modifizieren und neu unter die Leute bringen kann. Der Ertrag ist jedoch bei der millionenfachen Verbreitung von Windows und Android Smartphones enorm hoch. Das kommt dem Motiv eines Cyberkriminellen „Geld zu machen" ganz klar entgegen.

Kann man denn feststellen, wie empfindlich AR/VR-Devices für einen Hacker-Angriff sind?

Das testen so genannte Sicherheitsforscher, die dann einen „Proof of Concept"-Angriff starten würden, um herauszufinden, ob und wie angreifbar zum Beispiel ein AR/VR-Device überhaupt ist. In der Regel findet man immer eine Angriffsmöglichkeit. Das würde belegen, dass diese Systeme angegriffen werden können.

Die nächste Überlegung ist dann, wie sensibel sind die Einsatzszenarien in denen zum Beispiel AR/VR-Datenbrillen eingesetzt werden. Kommt man zum Schluss, dass diese Systeme in hohem Maße sensible Unternehmensbereiche berühren, ja sogar unternehmenskritische Anwendungen beeinflussen können, dann sollten die Alarmglocken klingeln. Unternehmensführungen sollten Sicherheit daher von „Anfang an mitdenken". Man spricht hier auch von „Security by Design".

Wie sieht es denn bei IoT aus. Was ist hier im Augenblick besonders gefährdet?

Vor noch einem Jahr dachten nicht nur wir bei Kaspersky Labs, dass von Smart TVs die größte Gefährdung ausgehen könnte. Da lagen wir daneben. Die größte Gefährdung über IoT-Devices geht aktuell von Überwachungskameras aus. Das hat uns überrascht. Diese Überwachungskameras wurden von Hackern analysiert, angegriffen und ausgenutzt. Sie waren für Cyberkriminelle sehr einfach zu hacken, schließlich brauchten sie sich aus dem Internet nur die Betriebsanleitung inklusive Passwörter der Kameras runterzuladen.

Um es zusammenzufassen, es wurde den Hackern extrem leichtgemacht, diese Überwachungskameras zu übernehmen. Ihm nächsten Schritt haben sie dann die unzähligen übernommenen Kameras zu einem Bot Net(z) zusammengefügt.

Das bekannteste BotNet dieser Art nennt sich „Mirai" und besteht aus IoT-Geräten. Für größere Aufregung sorgte Mirai, als es Anfang 2017 die Telekom-Router ausfallen ließ.

Kommen wir noch einmal auf den Begriff Security by Design zurück. Wie würde so etwas ganz konkret bei unterschiedlichen IoT-Devices aussehen, zum Beispiel beim Auto?

Grundsätzlich gibt es im Automobilbau etwa alle sieben bis acht Jahre einen Modellwechsel. Diese relativ lange Zeitspanne erschwert es, Sicherheitsanforderungen für den nächsten Modellwechsel vorherzusagen. Dennoch kam man sich deswegen dieser Verantwortung nicht entziehen, denn das Thema Sicherheit ist beim Auto zweifellos höchst sensibel.

Die Gefährdungspotentiale sind hier erheblich und in keiner Weise vergleichbar mit Smart-Home-Geräten. Wenn es ein Sicherheitsproblem bei einem intelligenten Kühlschrank gibt, kann „allenfalls die Milch sauer werden". Bei einem Auto sieht das hingegen ganz anders aus.

Deshalb ist es im Automobilbau entscheidend, das Thema Software-Sicherheit schon bei der Entwicklung von Anfang an mitzudenken. Zahlreiche, teilweise spektakuläre Vorfälle in den letzten Jahren haben die Bedeutung von Software-Sicherheit für die Auto-Industrie unterstrichen. Das ist aber nur ein Aspekt. Auch die Produktionsanlagen der Industrie sind gefährdet, weil ein nicht unerheblicher Teil von ihnen schon sehr lange im Einsatz ist, zum Teil länger als es das Internet selbst gibt. Cybergefahren waren bei der Inbetriebnahme dieser Maschinen kein Thema.

Daraus ergeben sich zwei Problemfelder. Erstens ist es sinnvoll, auch alte Anlagen aus verschiedenen Gründen (Administrierbarkeit, Effizienz) sicher in ein Netzwerk zu überführen. Und zweitens gilt dies noch mehr für neue Produktionsanlagen. Stichwort Security by Design. Wie kann ich Software- und Netzsicherheit schon in seiner Produktions-Grundstruktur mitdenken. Das betrifft die Messsteuerungen der Produktionsmaschinen, die neue Kommunikationsinfrastruktur in der Fabrikhalle und zu allen Abteilungen und Lieferanten und beim Auto selbst. Hier sind es die „In-Car-Systeme". Das führt zu der Grundüberlegung, warum nicht gleich alle diese Segmente mit einem sicheren Betriebssystem ausgestattet werden.

Da zeigen Sie schon ganz erhebliche Gefährdungspotentiale für die Automobilindustrie im Zeitalter der Industrie 4.0 auf. Wie kann sich nun die Industrie gegen diese Bedrohungen schützen?

Die Industrie steht hier vor einer doppelten Fragestellung. Da sind zum einen die reinen Kosten, die ein Unternehmen für Software- und Netzwerksicherheit aufwenden muss. Dazu kommen aber auch ganz gewaltige Aufwendungen für Schäden, die notwendig werden würden, wenn durch eine Cyberattacke eine Produktionsstraße ausfallen oder gar die gesamte Produktionsstruktur zerstört würde. Das sind Gefährdungspotentiale, die sich aus der Komplexität einer Produktionsstraße oder des gesamten Produktionsprozesses selbst ergeben und die im Schatten von Industrie 4.0 unbedingt von Beginn an berücksichtigt werden müssen.

Die Industrie steht nicht nur wegen der digitalen Transformation vor einer gewaltigen Sicherheitsaufgabe. Die neuen digitalen Techniken bieten zusätzlich viele Angriffspunkte, die die klassischen Industriegefährdungen wie Sabotage und Industriespionage erheblich erleichtern. Kostenseitig kann man Sicherheit zwar nur schwer beziffern, jedoch kann man bei Gefährdungen ganz klar ausrechnen, was der Ausfall einer Produktionsstraße nur für einen Tag kosten würde... Da macht es schon Sinn, sich über eine „Security by Design-Konzeption"

Gedanken zu machen. Doch jedes Sicherheitskonzept muss individuell auf das Unternehmen abgestimmt werden.

Ist das so speziell? Kann man nicht auf bewährte Konzepte zurückgreifen? Wie handhabt man das bei Kaspersky?

Natürlich gibt es so etwas wie ein Basis-Konzept. Außerdem ähneln sich auch die Netz-Kommunikationsstrukuren in den Betrieben. Das ist aber schon alles mit den Ähnlichkeiten. Eine Sicherheitskonzeption für die Automobil-Industrie sieht ganz bestimmt anders aus als eine für einen Energieversorger, oder ein Pharmaunternehmen. Das reicht von einem „Rundum-Sorglos-Paket" bis hin zu Minimalmaßnahmen.

Wie könnte denn ein solches „Rundum-Sorglos-Paket" aussehen?

Das würde mit einem Audit des Unternehmensnetzes beginnen, würde Penetrations-Tests einschließen und würde um eine Mitarbeiter-Überprüfung hinsichtlich ihrer Sicherheitskompetenz ergänzt werden. Abgesehen von den Kosten bedeuten diese Maßnahmen einen erheblichen Zeitaufwand. Das kann schon einmal ein ganzes Jahr dauern, bevor das Unternehmen zu den eigentlichen Prozeduren und Installationen übergehen kann.

Deshalb muss jedes Unternehmen erst einmal gründlich abwägen, welcher Weg zuerst gegangen und dann welche Schritte gemacht werden müssen.

Bei der weltweiten Vernetzheit der Produktion kann ein „Rundum-Sorglos-Paket" im laufenden Betrieb ein ordentlicher Hemmschuh sein. Was könnte die Alternative sein?

Man könnte beim Sicherheitskonzept die einzelnen Unternehmensbereiche nach ihren Gefährdungen analysieren und gliedern. Mit einer Prioritätenliste müsste man dann gezielt die notwendigen Maßnahmen Zug um Zug und konsequent abarbeiten.

Können wir noch einmal zu Ihrer Kaspersky Industrial CyberSecurity zurückkommen. Wie kann Kaspersky Industrial CyberSecurity zum Beispiel vor Sabotage schützen?

Zunächst einmal, auch unser Produkt kann nicht absolute 100prozentige Sicherheit gewährleisten. Aber es macht einen Produktionsprozess so sicher, dass der Aufwand, den ein Cyberkrimineller betreiben muss, extrem hoch ist. Das macht einen Angriff für ihn zu einem kostspieligen und langwierigen Prozess.

Da kommen wir zu meinen Anfangsbemerkungen zurück. Cyberkriminelle lenken in der Regel ihre Aktivitäten erst auf ein Ziel, sobald eine kritische Masse an Usern erreicht ist, sonst lohnt sich ihr Aufwand nicht.

Vor kurzem hat Microsoft ein Update für Windows 10 freigegeben, das Mixed Reality potentiell für Millionen User möglich macht. Google Glass wird über Android gesteuert und verfügt mit Millionen Apps über eine gewaltige Software-Basis. Beide Technologien eröffnen damit Zugriffsmöglichkeiten für Kriminelle, sowohl gegenüber Endusern wie auch gegen die Industrie.

Das ist richtig. Wir sehen nicht nur in Bezug auf MR oder AR ein Gefährdungspotential. Allgemein steigt neben den üblichen Viren, Phishing Angriffen und ungewollten Integrationen in BotNets die zunehmende Gefahr für so genannte Ransom Ware. Das wird auch die Datenbrille betreffen. Die Angriffsszenarien sind hier sehr vielfältig.

Hat Kaspersky für so etwas einen Masterplan?

Einen Masterplan... dazu wie gesagt sind die Szenarien zu vielfältig. Auch zufällige Angriffe, die ich als kollaterale Schäden bezeichnen möchte, sind denkbar beziehungsweise haben schon stattgefunden. So kann eine Malware, die für eine ganz andere Gerätegruppe oder andere Software-Anwendungen geschrieben wurde, plötzlich zu einem Ausfall eines anderen Device führen, wie zum Beispiel der Routerausfall bei der Telekom Anfang dieses Jahres.

Beim Aufbau der IT Infrastruktur nicht nur für die AR/VR sollte ein „Security by Design" Ansatz in den sicherheitssensiblen oder in den unternehmenskritischen Bereichen bei Krankenhäusern, bei Autos, in der Energiewirtschaft, in der Industrie von Anfang an mitgedacht werden. Wir bei Kaspersky sind der Auffassung, dass die Digitalisierung der Wirtschaft, des Staates und der Behörden, aber auch des privaten Anwenders, nur dann erfolgreich sein kann, wenn Cybersicherheit gewährleistet ist.

Herr Rojacher, wir danken Ihnen für dieses Interview

*Interview mit Dr. Ulrich Bockholt (UB),
Abteilungsleiter „Virtuelle und Erweiterte Realität" beim
Fraunhofer Institut für Graphische Datenverarbeitung (IGD)
(21. November 2016)*

Seit wann beschäftigt sich das Fraunhofer Institut mit AR/VR?

Das Fraunhofer Institut beschäftigt sich mit VR seit den frühen 90ger Jahren. Etwa 1993 hat das mit der virtuellen Realität bei uns begonnen. Mit Augmented Reality beschäftigen wir uns seit zirka 1998.

Wovon sprechen wir hier bei AR?

Wir hatten da verschiedene Projekte, unter anderem das vom BMBF geförderte Projekt ARVI-KA, das wir in Kooperation mit vielen Partnern aus Industrie und Wissenschaft durchgeführt haben. ARVIKA war ein Meilenstein für AR und wurde von 1999 bis 2002 durchgeführt. Es war das erste große AR Projekt für die Entwicklung, Produktion und Wartung innerhalb der deutschen Industrie mit dem Ziel, AR Technologien für industrielle Anwendungen zu erforschen und zu entwickeln. In diesem großen Konsortium war Siemens Konsortialführer. VW und BMW waren mit vielen anderen großen und kleineren Industrieunternehmen Partner.

War dieses AR Projekt wirklich schon auf den Bereich Produktion ausgerichtet oder beschäftigte es sich ausschließlich mit Wartung?

Das Projekt lief unter dem Titel „Augmented Reality für Entwicklung, Produktion und Service". Szenarien sollten zur Produktionsunterstützung eingesetzt werden, zum Beispiel zur PKW-Produktion, indem man Strömungsdaten überlagert und dann mit Simulationsdaten kombiniert.

Wie ist das dann tatsächlich in die Produktion eingeflossen?

Das Projekt war ein großer Erfolg Ein Ergebnis dieses Projektes war zum Beispiel eine Firmenausgründung gewesen: Diese Firma hieß Metaio. Das sehr bekannte Unternehmen geht auf dieses Projekt zurück und hat die Erfahrungen aufgegriffen und quasi weitergeführt.

Hat dann das Fraunhofer IGD die Technologien entwickelt, die durch die Übernahme Metaios durch Apple jetzt nach Silicon Valley ausgelagert werden?

Nein, unsere Technologien sind nicht in denen der Firma Metaio enthalten. Wir haben unsere Technologien bei Fraunhofer IGD unabhängig entwickelt und haben sie an viele Industrieunternehmen lizensiert. Auch unsere Technologien sind längst im industriellen Einsatz.

Mit welchen Trackingtechnologien haben Sie damals gearbeitet?

Wir haben damals vor 15 Jahren hauptsächlich mit Markern gearbeitet. Das waren Schwarz/Weiß-Muster, die von den Kameras sehr gut erkannt werden konnten. Diese Technologie entsprach dem damaligen Entwicklungsstand.

Die Anwendungskonzepte waren jedoch zum Teil den heutigen sehr ähnlich und basierten auf der Kerntechnologie des Trackings. Das waren Lösungen, die sehr gut im Labor, allerdings in einer industriellen Umgebung nicht so gut funktionierten. Dort im realen Umfeld oder in Szenarien sind sie Umgebungsfaktoren wie Schmutz, Beschädigung oder schlechtem Licht ausgesetzt. Diese Szenarien sind meist sehr großräumig, sodass man Marker in der Praxis bei vielen Anwendungen nur sehr schwer einsetzen kann.

Sie sagen Schwarz/Weiß-Marker sind störungsanfällig. Was ist jetzt "State of the Art"? Forscht Fraunhofer schon an einem plattformübergreifenden System, mit dem ich auf der Straße interessante Objekte anvisieren kann und mit einer Brille die dazugehörigen Informationen geliefert bekomme?

Unser Forschungsschwerpunkt liegt auf den Tracking-Technologien. Natürlich werden Schwarz/Weiß-Tracker sehr leicht erkannt. Aber schwierig wird es, wenn ich zum Beispiel einen PKW erkennen und tracken soll, oder wenn die zu trackende Umgebung größer wird und ich ein Gebäude oder ein Flugzeug tracken soll. Dann wird es technisch schnell sehr anspruchsvoll. Das heißt, die Technologie-, Entwicklungs- und Forschungsarbeiten skalieren mit der Größe und der Dynamik von einem solchen Umfeld.

Leichter wird es hingegen, wenn ich eine statische Umgebung habe, die gleichmäßig beleuchtet ist, dann kann man Trackingalgorithmen sehr gut einsetzen. Schwierig wird es so zum Beispiel bei einer Baustelle. Dort ändert sich die Umgebung täglich. Unter diesen Bedingungen ist es sehr anspruchsvoll, dort stabile markerlose Tracking-Technologien zu entwickeln. Zwar ist hier schon viel erreicht worden, aber die Anforderungen werden schnell sehr komplex. Und je mehr Anwendungen man entwickelt, je großräumiger die Umgebung, je instabiler und dynamischer diese Anwendungen werden, desto umfangreicher und aufwändiger werden die Anpassungen. Man kann deshalb davon ausgehen, dass man hier noch die nächsten 10-20 Jahre entwickeln wird.

Einige Experten gehen davon aus, dass durch die zunehmende Verbreitung geeigneter AR/VR-Brillen, eine Softwarelösung wie die Holographic Suite zusammen mit einem guten AR/VR-Tracking, sehr bald zu einem Standard für Enduser werden könnte. Außerdem gibt es eine sehr optimistische Studie zum Thema AR /VR, die für das Jahr 2020 einen Umsatz von 150 Mrd $ vorhersagt. Was halten Sie davon?

Das kann ich nicht beurteilen, aber die großen IT-Unternehmen aus Kalifornien (Microsoft, Apple, Facebook etc.) springen auf diese Technologie auf und sie möchten diese Technologien in die Verbrauchermärkte bringen. Aber auch hier ist noch ein sehr hoher Forschungsbedarf, denn wie immer kommt es auf die Anwendungsszenarien an. Es gibt z.B. nur wenige AR-Brillen, die man für eine dauerhafte Nutzung einsetzen kann. Die Brillen sind in ihrem Sehfeld und ihrer Funktionalität relativ eingeschränkt. Zusätzlich gibt es ein großes Problem mit den unterschiedlichen Akkommodationsebenen (Augenanpassung auf Entfernungen). Schließlich müssen die Augen einen ständigen Abgleich sowohl mit den nahen und fernen Objekten im Sehfeld und der Bildschirmebene durchführen.

Allerdings ist hier die Microsoft HoloLens ein Meilenstein, wenn man sie mit anderen Systemen vergleicht. Hier ist eine gute Sensorik eingebaut, die man nicht nur für Spiele einsetzen kann. Der Trend geht in diese Richtung.

Jetzt hat die Cebit das Thema AR zum Leitthema der kommenden Messe im nächsten Jahr gemacht. Bei einem deutschen Unternehmen im Logistik-Bereich wird Google Glass schon in der Produktion eingesetzt. Dort tragen die Angestellten ein SmartGlass 8 Stunden lang und erhalten zirka alle 6- 8 Sekunden neue Informationen...

...ja, man muss halt immer das Szenario genau anschauen. Man könnte beispielsweise die Google-Brille nutzen, um Emails zu lesen und gleichzeitig durch den Wald spazieren gehen. In meinem technischen Verständnis ist das aber keine Augmented Reality, weil hier keine Informationen überlagert werden und vor allem, weil kein Tracking erforderlich ist. AR setzt zwei unterschiedliche Welten voraus, nämlich die reale und die digitale Welt, die in einen bestimmten Bezug zueinander gesetzt werden. Die Google-Brille wird oft als tragbares, handfreies, nutzbares Display eingesetzt. Aber viele Anwendungen sind noch keine Augmented Reality.

Mit solchen Systemen könnte man zum Beispiel einen Lagerarbeiter unterstützen, der mit einer solchen Brille zu einem bestimmten Punkt im Lager geschickt wird und dann dort weitere Informationen erhält. Das sind häufig keine Informationen, die die Umgebung überlagern und auch keine virtuelle 3D Welt, die mit der realen Welt in einem bestimmten Bezug steht.

Was aber wirklich AR ist, da gibt es ganz unterschiedliche Definitionen.

Wie sieht denn die Definition von AR im Verständnis des Fraunhofer IGD aus?

AR bedeutet, dass die digitale und die reale 3D Welt in Echtzeit zueinander registriert werden und die verwendeten Informationen eine klare Verortung besitzen. Dabei werden unterschiedliche Koordinatensysteme in ein einziges überführt.

...eigentlich genau das, was Microsoft mit der HoloLens macht, in der sogenannten Mixed Reality...

Mit der HoloLens sind viele Szenarien möglich. Man kann mit diesem System richtige AR-Szenarien entwickeln. Zum Beispiel kann man eine Anwendung entwickeln, bei der ich auf einen Motor schaue und dann in Überlagerung zum Motor eine Reparatur-Anleitung erhalte, die anzeigt, wie ich ein Bauteil aus- oder einzubauen habe. Wobei jedoch das Sehfeld noch eingeschränkt ist.

Wo liegt im Augenblick der Forschungsschwerpunkt von Fraunhofer?

Unser AR-Forschungsschwerpunkt liegt eindeutig bei Industrie-Anwendungen. Und da haben wir schon viele Systeme im Einsatz.

Technologischerseits sind es bei uns eindeutig Tracking-Technologien. Wir verwenden dafür die Kameras, die in diesen Brillen, in Smartphones oder in Tablets verbaut sind. Mit ihnen erkennen wir die Objekte, wie einen Motor oder ein Auto, die dann lagerichtig mit Informationen überblendet werden. Die Systeme werden auch sehr umfangreich für den Soll-Ist-Abgleich eingesetzt, zum Beispiel bei Daimler: Dort arbeitet man täglich mit unseren Systemen, die für verschiedene Szenarien genutzt werden. Die Basistechnologien kommen dabei von uns.

Ist das ein offenes Software-System etwa wie Linux oder eher ein geschlossenes wie die Holographic Suite, die Microsoft in Windows 10 einbetten will, die Ihrer Basistechnologie zugrunde liegt?

Wir verwenden HTML, den mächtigsten Standard der Welt. HTML erlaubt uns, plattformunabhängig zu operieren und uns mit unserer Technologie leicht in die bestehenden Workflows der

Unternehmen einzubringen. Mit HTML können wir alle Systeme bedienen, sei es Windows, Linux, Android und so weiter... Dazu haben wir Erweiterungen für das Tracking und 3D Inhalte, die auf HTML aufsetzen, entwickelt. Sie sind für jegliches Device nutzbar, seien es Tablets, Smartphones, iPhones oder Surfaces, was auch immer.

Arbeiten Sie mit anderen Abteilungen der Fraunhofer-Instituten zusammen, zum Beispiel mit dem IPA?

Wir arbeiten mit dem IPA eng auf Forschungsebene und bei einem gemeinsamen Projekt zusammen, bei dem wir unsere AR-Technologien auf die Baubranche übertragen. Das IPA passt die Technologien den Prozessen und Produktionsprozessen entsprechend an. Die Kompetenzen beider Institute ergänzen sich sehr gut.

Was kommt für das Fraunhofer IGD nach AR und VR?

Zunächst einmal sind AR und VR Marketing-Begriffe, die Forschungslinie, die aber im Moment in aller Munde ist, lautet: Industrie 4.0! Das ist eine Simulationswelt, die man parallel zur realen Fertigungswelt zur Ausführung bringen möchte. Dafür braucht man den permanenten Abgleich zwischen der Simulations- und der realen Fertigungswelt. Dabei sind wieder jene Technologien relevant, mit denen man die reale Welt erfasst, um dann mit ihnen einen Abgleich mit der Simulationswelt zu ermöglichen. Damit können dann Anwendungen zur Qualitätssicherung oder zur Erkennung möglicher Fehlläufe erstellt werden. So wird eine größere Sicherheit und Effizienz in der Produktion gewährleistet. Die Kerntechnologie ist immer das Tracking. Zusammen mit der Sensorik und der Datenerfassung in Echtzeit können wir die reale Welt mit der digitalisierten zur Deckung bringen.

AR ist zwar das Schlagwort, doch die Technologie der Echtzeiterfassung einschließlich Sensorik, die man in Relation zu einer Simulationsumgebung setzt, wird noch in den nächsten 50 Jahren eine entscheidende Rolle spielen.

Ich denke, dass der Kontext zu Industrie 4.0 ein gewaltiges Potential für die Industrie bedeutet und auch hier wird Augmented Reality eine Schlüsselrolle spielen.

Ist in diesem Zusammenhang Sicherheit ein Thema?

Sicherheit und Schutz der Privatsphäre sind wirklich ein großes Thema, gerade bei Endanwendern. Dies wird ja oft von den Medien aufgegriffen. Hier wird sehr häufig dieses Beispiel angeführt: Ich gehe spazieren oder betrete ein Geschäft und sobald ich jemanden anschaue, wird sofort die Gesichtserkennung aktiviert, um mir sogleich alle relevanten Daten zu dieser Person auf mein SmartGlass einzuspiegeln, ebenso werden in manchen Szenarien mit der eingebauten Brillenkamera Gegenstände, Gebäude oder etwas Privates aufgezeichnet. Immer steht die Frage im Raum, wie ich diese Daten vor dem Zugriff Dritter schützen kann. Das sind schon ganz erhebliche Sicherheitsaspekte im privaten Bereich, die sich jedoch im industriellen Sektor noch einmal deutlich potenzieren.

Wenn ich AR für die Produktion oder für die Entwicklung einsetze, muss ich überlegen, wie ich als Unternehmen die Daten des CAD-Modells, mit dem ich produzieren möchte, schützen kann. Dazu gehört ebenfalls, dass ich diese Daten nicht auf der Brille oder einem anderen Device vorhalte oder sogar dort speichere. Die Daten, das gesamte Firmen Know How und alle unternehmenskritischen Informationen müssen separat auf sicheren Servern des Unternehmens gehalten und auch dort verarbeitet werden. Ein sicheres AR-System ist dann nur noch ein Webbrowser, also nicht mehr als ein reines Anzeigegerät, das allenfalls mit einem minimalistischen Interface für die Darstellung der Informationen nutzbar ist.

Herr Dr. Bockholt, wir danken Ihnen für dieses Interview

Interview mit Martin Ciupek,
VDI Nachrichten, zu AR/VR SmartGlasses für das SmartWorker
Booklet: „Augmented and Virtual Reality"

Seit etwa 25 Jahren wird in Deutschland an VR und seit 18 Jahre an AR geforscht. Seit wann sind AR/ VR für den VDI bzw. für VDI Nachrichten Themen?

Gehen Sie davon aus, dass sich meine Kollegen bei den VDI Nachrichten auch bereits etwa solange mit den Themen beschäftigen. Ich bin erst seit 15 Jahren bei den VDI Nachrichten, habe aber beide Entwicklungen schon vorher verfolgt.

Auffallend ist, dass es immer mal wieder Phasen gab, wo es größere Entwicklungen gab. Im Moment sehe ich durch die Digitalisierung von Geschäfts- und Produktionsprozessen wieder neue Impulse. Hilfreich ist da auch die Aufmerksamkeit, die die Technologie gerade auf dem Spielemarkt erlebt.

Wo sehen Sie den Unterschied zwischen AR/VR und Mixed Realities à la HoloLens?

Grundsätzlich erlaubt die Virtuelle Realität ein komplettes Eintauchen in künstliche Welten – unabhängig davon, ob sie das über Projektionen in einem Raum oder in einer Brille erreichen. AR sehe ich dagegen bereits als Mixed Reality bzw. durch digitale Inhalte erweiterte Realität.

Die HoloLens ist für mich ein Zwitter. Sie erlaubt durch die großen Brillengläser das Eintauchen in virtuelle Welten, kann aber auch das reale Umfeld des Betrachters durch digitale Objekte ergänzen.

Wo liegt im Augenblick der Einsatz-Schwerpunkt von AR/VR: Eher bei industriellen Anwendungen oder eher im Home-Bereich?

Die Unterhaltungselektronik und Spieleindustrie wird als Massenmarkt den Einsatz von VR-Technologien in der öffentlichen Wahrnehmung vorantreiben. Spannendere Anwendungen sehe ich allerdings künftig in der Industrie. Durch „digitale Zwillinge", also digitale 3-D-Modelle von Produkten und Produktionsanlagen, ergeben sich zahlreiche neue Anwendungsszenarien.

Der Markt für Mixed Reality aber auch AR/VR ist ja noch relativ klein. Haben diese Technologien bereits eine wirtschaftliche Bedeutung für die Industrie?

Hersteller von Automobilen und Konsumprodukten erproben die Technologien im Marketing und bei der Produktkonfiguration. Dadurch mag sich schnell ein wirtschaftlicher Wettbewerbsvorteil ergeben. Technische und medizinische Einsatzfelder sind aber bisher noch in der Erprobungsphase. Da wird es noch dauern, bis sich ein wirtschaftlicher Nutzen genauer beziffern lässt.

Welches industrielle Projekt könnte hier exemplarisch vorgestellt werden?

Faszinierend finde ich das Konzept eines Schaltschrankbauers, der in den vergangenen Jahren wesentliche Komponenten in seinem Entwicklungssystem (Elektro-CAD) als digitales Modell abgelegt hat. Dadurch lassen sich bereits heute Kabel und Klemmenleisten automatisch konfektionieren. Mit einem Tablet-Computer kann nun der Elektriker bei der Verdrahtung unterstützt werden. AR-Brillen werden als nächster Schritt erprobt.

Viele ähnliche Test-Anwendungen gibt es bei der Wartung von Maschinen und Anlagen. Da hat der Monteur die Hände frei, weil er auf Handbücher verzichten kann. Weil für frühere AR-Anwendungen in der Industrie die digitalen Informationen erst aufwändig erstellt werden mussten, nutzen Anwender die AR-Brillen bisher nicht in vollem Umfang. Oft wurden Servicetechniker über die Brille mit dem einen Experten verbunden, der den Techniker mit einfachen Mitteln und Sprachanweisungen bei der Arbeit anleitete. Mit der Zunahme an digitalen Informationen wird sich das ändern.

Bereits heute gibt es zudem interessante Anwendungen in der Logistik, wo Mitarbeiter Unterstützung bei der Kommissionierung erhalten. Durch die Brille haben sie beide Hände für ihre Tätigkeiten frei. Das ist ein großer Vorteil.

Wie unterstützt der VDI diese Technologien?

Der VDI sieht es nicht als seine Aufgabe, einzelne Technologien zu unterstützen. Als Vereinigung von Ingenieuren sieht es der VDI vielmehr als seine Aufgabe, gesellschaftliche

Dialoge über Chancen und Risiken technologischer Entwicklungen zu initiieren. Es geht darum, durch eine offene und sachlich fundierte Haltung gegenüber Technik die Herausforderungen der Zukunft zu meistern. Dabei spielen technische Innovationen natürlich eine wesentliche Rolle.

Die Einschätzung des Fachkollegen im VDI lautet: „Augmented Reality ist die Grundlage für bildbasierte Assistenzsysteme für Ärzte, Techniker und andere Berufsgruppen zur Lösung von komplexen Aufgaben. Ingenieure arbeiten daran, diese Systeme zuverlässig in weitere Anwendungen zu bringen."

Zurzeit sind die allgemeinen Einsatzgebiete für SmartGlasses hauptsächlich im industriellen Umfeld oder im Marketing und bei der Sales-Unterstützung zu finden. Welche zukünftigen Entwicklungsfelder oder Märkte sehen Sie für AR/VR?

Das ist für mich nachvollziehbar. Denn in diesen Bereichen steht ein hoher Nutzen einem vertretbaren Aufwand gegenüber. Nahezu alle neue Produkte und Anlagen werden inzwischen digital geplant. Die notwendigen Daten können also in diesen überschaubaren Bereichen einfach zur Verfügung gestellt werden.

Neben der Spieleindustrie sehe ich Potenziale in der Medizin und Pflege. Die Brillen könnten komfortabel Patientendaten liefern und über die Kamera könnten noch zusätzliche Analysen erfolgen. Spannend ist die Technologie auch für die Aus- und Weiterbildung. Bereits heute trainieren Anlagenbauer das künftige Personal an realen Leitständen, hinter denen die künftige Anlage virtuell abgebildet ist. Bei Großprojekten lohnt sich der Aufwand. Mit sinkenden Kosten für die Technologie wird sich das auch in anderen Bereichen durchsetzen, insbesondere in der beruflichen Weiterbildung.

Was muss bei AR Brillen oder bei Ihrer HoloLens allgemein verbessert werden, damit sie sich am Markt durchsetzen können?

Zwei Dinge haben sich in der Vergangenheit bereits als Hemmschwelle erwiesen: der Tragekomfort und die Einsatzdauer. Der Tragekomfort wurde durch immer kleinere und leichtere Systeme bereits verbessert. Je nachdem, wie lange Sie damit arbeiten, gibt es hier aber noch Luft nach oben. Wesentlich wird es aber sein, wie lange die Brillen genutzt werden können, bevor sie wieder an eine externe Stromversorgung angeschlossen werden müssen.

Eine zuverlässige Datenübertragung und ausreichende Rechenleistung betrachte ich als notwendige Grundlage. Gerade bei der synchronisierten Überlagerung vom realen Umfeld und virtuellen Informationen ist das wichtig.

Von welchen zukünftigen Technologien wird die Entwicklung von AR / VR abhängen?

Von der Entwicklung leistungsfähiger und sicherer Energieversorgungen sowie einem entsprechenden Energiemanagements.

Microsoft hat im Oktober 2016 den Launch seiner „Holographic Suite" für jedermann im Rahmen eines WIN 10 Updates angekündigt. Setzt Microsoft damit einen allgemeinen Entwicklungsrahmen für die Industrie, zumal Windows den höchsten Verbreitungsgrad in Industrie und Handel besitzt?

Das ist mir zu produktspezifisch. Das mag ich nicht bewerten.

In diesem Zusammenhang wird oft von einem fehlenden AR-Ökosystem gesprochen. Welche Bedeutung kommt hier der Holographic Suite zu?

Das kann ich nicht abschätzen.

Wird mit der Holographic Suite von Microsoft der Markt einen zusätzlichen Schub erfahren?

Das wird zumindest das Interesse erhöhen, sich mit der Technologie zu beschäftigen.

Gehen Sie davon aus, dass die Ankündigung diverser Hersteller Holographic-„Brillen" auf den Markt zu bringen, zu einer beschleunigten Marktentwicklung führen wird?

Das hängt vom Nutzen für die Anwenderbranchen ab – oder vom Spaßfaktor bei den Spielen.

Warum haben viele Menschen Vorbehalte gegen SmartGlasses Anwendungen?

Google wollte diese zunächst medienwirksam in unseren Alltag bringen. Da sahen viele Menschen ihre Persönlichkeitsrechte in Gefahr. In den angesprochenen Anwendungsbereichen werden dagegen Nutzen und Risiken von den Beteiligten abgewogen.

Wie kann man Ihnen diese „Ängste" nehmen?

Beim Essen kommt der Appetit – sprich man muss den Menschen Gelegenheit geben, die Technik zu erproben. Gleichzeitig gilt es, Ängste ernst zu nehmen und mit den Betroffenen zu hinterfragen.

Könnten AR-Brillen ab einem bestimmten Reifegrad SmartPhones ablösen?

Die Option, beide Hände frei zu haben, klingt für mich sehr gut. Deshalb sage ich: Wenn das Gesamtpaket inklusive der Anwendungssoftware stimmt, ja.

Gegen den Einsatz von AR/ VR nicht nur im privaten sondern auch im industriellen Umfeld gibt es Sicherheitsbedenken. Vor kurzem hat Kaspersky ein eigenes OS-System auf den Markt gebracht. Wie beurteilen die VDI Nachrichten diesen Ansatz?

Sicherheitsaspekte müssen in vernetzten Technologien generell berücksichtigt werden. Damit befassen sich zahlreiche Experten. Einzelne Lösungen möchte ich nicht bewerten.

Herr Ciupek wir danken Ihnen für dieses Interview

Interview mit Michael Zawrel,
Product Manager HoloLens & Devices (Stand Dezember 2016)

Seit etwa 2 Jahren bietet Microsoft Mixed Reality mit der HoloLens an. Gab es für die Entwicklung der HoloLens einen technischen oder wirtschaftlichen Anlass?

Mit Microsoft HoloLens wollen wir unseren Kunden nicht einfach nur ein neues Gerät, sondern eine völlig neue Erfahrung bieten. Seit Beginn der Reise mit der Microsoft HoloLens Anfang 2015 ist es uns ein Anliegen, unsere Vision zu teilen und aufzuzeigen, was mit Hologrammen in der realen Welt möglich ist und wie sie unser Leben verändern.

Wo sehen Sie einen Unterschied zwischen AR/VR und Mixed Realities? Wenn ja, wie sieht er aus?

Sowohl Virtual Reality als auch Augmented Reality bieten großartige neue Anwendererfahrungen, die sich im Kern aber unterscheiden: Virtual Reality simuliert dem Nutzer eine computergenerierte Welt, völlig entkoppelt und unabhängig von der Realität. Augmented Reality blendet eine zusätzliche Schicht mit nützlichen Informationen auf den Bildschirm ein. Dies ist nicht das Gleiche wie das perspektivisch korrekte Platzieren von holografischen Objekten in der realen Umgebung. Mixed Reality verbindet die physische Welt mit der virtuellen Realität, indem Hologramme in die reale Welt eingeblendet werden, sodass sie Teil der realen Welt werden. Digitale Objekte interagieren mit der realen Welt. Dies kann die Art und Weise wie wir zusammenarbeiten, lernen, entdecken und erfinden verändern. Unser Video demonstriert Mixed Reality sehr gut.

Der Markt für Mixed Reality, aber auch AR/VR, ist ja noch relativ klein. Welchen wirtschaftlichen und technischen Stellenwert hat die HoloLens für das Unternehmen Microsoft?

Mit der Microsoft HoloLens befinden wir uns am Anfang einer langen Reise und wenden uns im ersten Schritt primär an Entwickler und kommerzielle Endkunden. Die Microsoft HoloLens ist aber nur ein Teilaspekt unserer Windows Holographic Strategie. Indem wir die Windows Holographic Plattform in unser Betriebssystem integrieren (Teil des im Frühjahr erscheinenden Windows Creator Update) ermöglichen wir es, allen Windows 10-Nutzern mit entsprechenden Headsets, Mixed Reality zu erleben.

Wo liegt im Augenblick der Einsatz-Schwerpunkt der Microsoft HoloLens Brille: Eher bei industriellen Anwendungen oder wird doch mehr für den Home-Bereich geplant?

Derzeit konzentrieren wir uns mit der Microsoft HoloLens auf Szenarien für Entwickler und kommerzielle Endkunden. Der Einsatz-Schwerpunkt liegt aktuell auf industriellen Anwendungen. Unter dem Link in der Fußnote finden sich eine Vielzahl an HoloLens Anwendungen.

Wie konnten Sie Agenturen und auch andere Hersteller von dieser innovativen Präsentationsart überzeugen?

Zum einen handelt es sich bei der Microsoft HoloLens natürlich um eine faszinierende und innovative Technologie. Zum anderen aber wird Mixed Reality die Art und Weise, wie wir arbeiten und lernen maßgeblich verändern. Komplexe Sachverhalte, wie z.B. Baupläne oder die menschliche Anatomie, werden durch die holographische Darstellung deutlich schneller erlernbar. Das sich daraus ergebende Potential ist es, was unsere Entwickler und Kunden überzeugt hat, an- und mit dieser Technologie zu arbeiten.

Setzt Microsoft seine HoloLens auch intern ein, zum Beispiel bei Schulungen?

Durch das Zusammenspiel der Microsoft HoloLens mit anderen Microsoft Produkten wie z.B. Surface Hub oder Azure können wir unseren Kunden neue, innovative Wege zur Gestaltung ihrer eigenen, digitalen Transformations-Strategie zeigen.

Zurzeit sind die allgemeinen Einsatzgebiete für SmartGlasses hauptsächlich im industriellen Umfeld oder im Marketing und bei der Sales-Unterstützung zu finden. Welche zukünftigen Entwicklungsfelder oder Märkte sehen Sie für HoloLens? Für welche kommenden Anwendungen?

Das Faszinierende an dieser Technologie ist ja, dass der Phantasie keine Grenzen gesetzt sind. Wir sind gespannt, welche innovativen Lösungen Entwickler, Unternehmen und Partner auf Basis unserer Technologie in Zukunft hervorbringen werden.

Gehen Sie davon aus, dass die Ankündigung diverser Hersteller Holographic „Brillen" auf den Markt zu bringen, zu einer beschleunigten Marktentwicklung führen wird?

Es handelt sich dabei, wie Sie richtig sagen, bislang lediglich um Ankündigungen. Die Microsoft HoloLens hingegen ist real – sie kann seit Mitte Oktober 2016 hier in Deutschland erworben werden und das Interesse unserer Kunden und Entwickler ist groß. Die Marktentwicklung wird sich im Bereich Mixed Reality aus meiner Sicht daher auf jeden Fall weiter beschleunigen.

Warum haben viele Menschen Vorbehalte gegen SmartGlasses Anwendungen? Wie kann man Ihnen diese nehmen?

Um die gemischte Realität oder Mixed Reality zu begreifen, muss man sie erlebt haben. Wie erwähnt, befinden wir uns am Anfang einer langen Reise.

Bis zum Zeitpunkt, an dem SmartGlasses mit SmartPhones gleichziehen werden, wird wohl noch einige Zeit vergehen.

Welche technischen Zwischenschritte sind notwendig, um User an den SmartGlass Einsatz wie dem der HoloLens heranzuführen?

Wir haben mit dem Verkaufsstart der Microsoft HoloLens Developer Edition & Commercial Suite bereits einen entscheidenden Schritt gemacht. Über zukünftige Produkte oder technische Zwischenschritte kann ich nichts sagen.

Was muss bei AR-Brillen oder bei Ihrer HoloLens allgemein verbessert werden, damit sie sich am Massenmarkt durchsetzen können? Oder von welchen zukünftigen Technologien wird die Entwicklung von AR/VR abhängen?

Zu zukünftigen Technologien kann ich nichts sagen. Ein wichtiger Faktor sind jedoch sicher die möglichen Anwendungsszenarien: Je größer der Kundennutzen, desto schneller wird sich diese Technologie auch verbreiten.

Aktuelle Preise für AR/VR-Devices liegen zwischen 400,- und 5.000 Euro. Ab welchen Preispunkt, kommt Ihrer Meinung nach der Massenmarkt in Schwung?

Ich glaube, es gibt nicht den „einen" Preispunkt, der entscheidend sein wird. Gamer werden sich eher für leistungsfähigere und damit auch etwas teurere Headsets entscheiden. Bei Unternehmenskunden wird vielleicht der ROI – also Return on Investment – die ausschlaggebende Kennziffer sein.

In diesem Zusammenhang wird oft von einem fehlenden AR-Ökosystem gesprochen. Welche Bedeutung kommt hier der Holographic Suite zu?

Wir arbeiten sehr eng mit Intel und anderen OEM-Partnern zusammen, um ab 2017 ein Ökosystem, bestehend aus Hard- und Software aufzubauen und um Virtual- sowie Mixed Reality voranzutreiben. Damit sichern Entwickler ihre aktuellen Investitionen in sämtliche Gerätetypen und -größen und profitieren in der Zukunft von dem wachsenden Ökosystem aus Windows Holographic-Geräten.

Und wo würden Sie dann Microsoft mit seiner HoloLens in diesem Markt einordnen?

Das Interesse an der Microsoft HoloLens ist groß. Wir arbeiten derzeit intensiv daran, der hohen Nachfrage gerecht zu werden und alle Bestellungen schnellstmöglich auszuliefern. Zu einer Marktprognose äußern wir uns nicht.

Microsoft hat im Oktober 2016 den Launch seiner „Holographic Suite" für jedermann im Rahmen eines WIN 10 Updates durchgeführt. Setzt Microsoft damit einen allgemeinen Entwicklungsrahmen? Möchte Microsoft mit Holographic dem Markt zusätzlichen Schub verleihen? Könnte bei einem Erfolg und einer hohen Marktdurchdringung die HoloLens zu einem Alltagsgegenstand wie ein SmartPhone werden?

Windows 10 läuft mittlerweile auf mehr als 400 Millionen Geräten weltweit. Mit der Integration von Windows Holographic in das Windows Creator Update ermöglichen wir einer Vielzahl unserer Kunden 3D-Inhalte zu erleben. Die Erstellung von 3D-Objekten wird z.B. durch Paint 3D kinderleicht und über entsprechende Plattformen können diese Inhalte schnell und einfach geteilt werden.

An welcher spannenden Technologie arbeitet Microsoft, die auf die HoloLens Brille folgen könnte, oder was kommt nach den Mixed Realitiess?

Zu zukünftigen Technologien kann ich nichts sagen.

Herr Zawrel wir danken Ihnen für dieses Interview

Interview mit Oliver Beisel,
Managing Director bei frog design,

Jens Hofmeister,
Executive Director of Business Development Strategic und

Matteo Penzo
Executive Director Technology, Stand Dezember 2016

Oliver Beisel

Jens Hofmeister

Seit dem Interview ist mehr als ein Jahr vergangen. In der Zwischenzeit hat frog eine Vielzahl (deutlich im zweistelligen Bereich) von AR/VR-Projekten für renommierte internationale Unternehmen realisiert.

Seit wann arbeitet Ihr bei frog design mit AR? Gehört dies zur DNA von frog design?

Beisel: Potential und Marktakzeptanz gehen oft erheblich auseinander. Wir kommen von der User Experience. Insofern beschäftigen wir uns mit allen Technologien, die Einfluss auf User-Szenarien und -Cases haben. Als Teil unserer Projektrealität sind aber AR- und VR-Projekte noch eher unterrepräsentiert. Das ist so typisch für einen Hype. Ich würde es so ausdrücken es wird viel darüber geredet, aber noch nicht viel gemacht: Wir haben im Augenblick die ersten Schritte in dieser Technologie gemacht und schon vermuten wir, dass uns die Innovationswelle gewaltig erfasst hat. Deshalb würde ich hier noch von einem „Halve Cycel" sprechen, weil außerdem eine ganze Menge weiterer Innovationen notwendig sind.

Dazu kommt, dass diese Technologie noch nicht den Beweis erbracht hat, dass sie wirklich rentabel ist: Den „Return On Invest" (ROI) ist uns AR und VR noch schuldig. Uns erscheinen viele Szenarien vorstellbar, in denen eine gewisse Effizienz vorhanden ist und in denen funktionieren könnten. Das erscheint mir logisch und nachvollziehbar, zum Beispiel im Service- und Maintenance-Bereich. Nur, solche Ergebnisse in Zahlen zu fassen, ist relativ schwierig.

Penzo: Es gibt wenige Studien dazu. Mehr im professionellen als im Konsumenten-Markt. Das ist so ein „Henne-Ei-Problem"….

Beisel: Deshalb sind solche Demonstrationen oft sehr beeindruckend, aber wenn dann eine solche Technologie im realen Leben außerhalb dieser Use Cases zum Einsatz kommt, dann sind es am Ende doch wieder nur Aliens, die aus den Wänden krabbeln.

> *In der Zwischenzeit ist der große HoloLens Roll out gewesen. Nun will Microsoft im Rahmen eines großen Windows 10 Updates das Holographic Betriebssystem mit ausliefern und damit den Massenmarkt beflügeln… Damit könnte man viele User gleichzeitig weltweit adressieren. Wird das einen Hype auslösen?*

Beisel: Die HoloLens ist für den End-Anwender mit etwa 5.000 Euro nicht gerade ein Schnäppchen. Deshalb stellt sich sofort die Frage, was könnte hier überhaupt der Use-Case für uns sein? Denn im Augenblick gibt es nur wenige Devices.

Hofmeister: Wir haben bis jetzt noch keine direkten Anfragen von Kunden erhalten. Zwar sollten wir das AR/VR als Innovator selber antreiben, was aber trotzdem schwierig ist. Jedoch kann ich mir den Einsatz dieser Technologie im Bereich Prototyping sehr gut vorstellen. Das betrifft die gesamte Design-Phase. Dort könnte sie ein valides Mittel sein, ein Projekt, eine Serviceleistung oder ein Produkt verkaufbarer oder attraktiver zu machen.

Daher könnte ich mir gut vorstellen, mit einer HoloLens zum Kunden zu gehen, um dort eine Präsentation zu halten: Zum Beispiel, „so könnte dein Messestand aussehen". Das hat dann eine ganz andere Qualität als eine einfache 2- oder 3-D-Lösung. Für eine solche Präsentation würde ich zwei oder drei Brillen mitnehmen, um dann dem Marketingleiter unseres Kunden buchstäblich „die Brille aufzusetzen".

Beisel: Genau, der Use Case muss stimmen. Vieles steckt noch in den Kinderschuhen. Der Datenkontext drumherum, ist vielleicht nicht immer so eindeutig. Er fehlt ihm oft noch an ausreichender Reife, um Projekte bei Anwendern entsprechend zu realisieren. Stichworte sind hier: „Context-Sensitive oder Location-Sensitive".

Viele Use Cases machen schon dann Sinn, wenn von einem Techniker mit einem Smart-Glass, der vor einem offenen Verteilerkasten steht, nur verlangt wird zu entscheiden, welches Kabel er durchzwicken soll. Ähnliche Entscheidung, aber bei einem Fehler mit dramatischer Auswirkung, wäre der Use-Case mit einem Bombenentschärfer von der Polizei. Der steht vor der lebensentscheidenden Wahl, ob er das rote oder das grüne Kabel durchschneiden muss. Da sind die richtigen Informationen wichtig, ja überlebenswichtig.

Solange solche Informationen nicht in digitaler Form verfügbar sind oder zugespeist werden können, ist eine AR Lösung begrenzt und führt zu keinem weiteren Mehrwert. Schlussendlich zählt nur die Frage, was ist zielführend, um mit den gegebenen Mitteln das bestmögliche Resultat zu erzielen. Vielleicht reicht es schon, um im Beispiel des Bombenentschärfers zu bleiben, einfach eine SMS zu bekommen, in der steht: Schneid` das rote Kabel durch.

Dennoch ist die Frage, kommen diese AR/VR Lösungen oder kommen sie nicht, eine fundamentale Frage: Sie werden kommen! Die Frage, die wir uns als Unternehmen stellen müssen, ist, werden wir dazu von außen angetrieben oder sind wir es, die diese Entwicklung gestalten?

Hofmeister: Werden wir morgen zu einem Projekt eingeladen, bei dem uns ein Kunde konkret nach einer AR/VR Lösung fragt, werden wir selbstverständlich unsere Anstrengungen forcieren und in diese Technologie investieren, da eine Rückfinanzierung durch das Projekt gesichert ist.

Ich glaube, der wesentliche Schub wird von der Spiele-Industrie ausgehen. Das ist auch schon heute so. Mit der Sony Playstation VR wird es wohl einen weiteren Boost geben. Vor allem werden die Menschen anfangen, sich mit den Vorteilen der AR/VR-Technologie auseinanderzusetzen. In jedem Fall sind wir bei frog für alle Anforderungen „ready"!

Wo setzt frog design im Augenblick AR/VR ein?

Penzo: Bei frog setzen wir VR als Tool zur Beurteilung von 3D-Objekten ein, oft auch direkt in einem Termin. Das ist eine sehr gute Möglichkeit, dem Kunden sein 3D-Projekt interessanter und anschaulicher zu zeigen.

Beisel: Unsere Kunden beschäftigen sich im Augenblick noch damit, für welche Plattform, also iOS oder Android, sie ihre App entwickeln sollen und wie hoch die Auflösung bei Android Displays sein soll. Das ist die nackte Realität! Es gibt ohnehin - bezogen auf die User Experience - eine extrem hohe Fragmentierung an Touchpoints. Wenn man dann beim Kunden zusätzlich abfragen soll, ob er bereit ist für eine Technologie, die noch nicht den Kinderschuhen entwachsen ist, zusätzliche Mittel bereitzustellen, wird es schwierig.

Fehlt es also an einem Wow-Effekt bei den bestehenden Anwendungen?

Hofmeister: Ich habe selber eine Oculus Rift zu Hause. Aber welche Anwendungen gibt es dafür im Augenblick? Man kann sich schön animierte Präsentationen ansehen und sagt zunächst tatsächlich „Wow". Aber damit hat es sich auch. Geht man zum Mitbewerber Samsung und legt die neue S7 Edge in das Gear Frame, dann kann das vielleicht ein bisschen mehr. Aber das ist immer noch zu wenig, um der Technologie zum Durchbruch zu verhelfen. Wo ist hier im Augenblick der Mehrwert?

Dazu müsste man ein Ökosystem bauen, das mir alle Daten sofort liefern kann, wie es bereits von Google geplant ist. Ich komme in eine fremde Stadt und sofort liefert mir das Device alle Informationen, zu den Gebäuden, wo ich etwas einkaufen kann usw. Samsung hat im letzten Jahr mit AR Informationen eine Pharaonen-Ausstellung begleitet. Ausgewählte VIPs erhielten eine Brille und wurden mit allen erdenklichen Informationen zu den Objekten versorgt.

Das war ein richtiger Use Case, wo ich sage, das macht wirklich Sinn! Dennoch stellt sich mir die „Kosten Nutzen-Frage". Wenn ich ein anderes Beispiel anfügen darf: Auf dem Freedom Tower in New York kann ich auch jegliche Informationen abfragen. Dafür brauche ich nur mein iPad auszurichten und schon erhalte ich die gewünschten Daten. Das sieht bei einer Datenbrille aber anders aus. Ein Museum müsste sie verleihen. Aber was passiert, wenn die Datenbrille beschädigt oder gestohlen wird? Wer kommt dafür auf? Das ist alles noch sehr teuer und das sind Faktoren, die den Einsatz und Durchbruch bei normalen Konsumenten erschweren. Bei den aktuellen Preisen kommt daher nur die Industrie in Frage.

Beisel: Vor allem „First Rule of Interaction Design: Don`t make the User look stupid". Die Öffentlichkeit muss sich zurzeit an den Anblick eines SmartGlass-Trägers gewöhnen. Denn nicht jeder möchte wie ein Robocop durch die Gegend laufen.

Hofmeister: Daneben sind noch ein paar andere Fragen nicht geklärt, rechtliche zum Beispiel. Wer ist für die Daten verantwortlich. Eigentlich müsste man von allen aufgenommenen Personen die Einwilligung einholen, ob sie fotografiert werden möchten oder nicht. Und nicht nur das. In Italien zum Beispiel und in anderen Ländern genießen selbst Gebäude ähnliche Schutzrechte, die unseren Persönlichkeitsrechten sehr ähnlich sind. Das muss alles einer rechtlichen Prüfung unterzogen werden.

Man konnte aus Ihren Antworten bereits heraushören, dass frog design VR intern bereits einsetzt: Zum Beispiel auch für Schulungen?

Penzo: Im 3D-Design macht es Sinn, sich die Programmierungen in VR anzuschauen. Man erhält dadurch ein besseres Gefühl für Proportionen und Größen. Für uns bei frog ist das nicht so wichtig. Wir sind die Proportionen gewohnt und können daher ziemlich genau einschätzen, wie etwas später aussehen wird.

Unsere Kunden sind dazu nicht immer in der Lage. Bisher bauten wir einen Prototyp. Das ist in der Regel ziemlich teuer. Manchmal werden Prototypen sehr groß, sodass ihre Umsetzung nicht so einfach zu realisieren ist. Genau in diesen Fällen macht es Sinn, solche Präsentationen in VR zu realisieren. Aber selbstverständlich ist dies ausschließlich VR. Augmented Reality hingegen kommt hierbei nicht zum Einsatz. Denn die Umgebung spielt für dieses Szenario keine Rolle.

Was für eine Software setzt frog design ein? Verwenden Sie ein geschlossenes System oder offene Systeme wie Open Source?

Penzo: Das ist bei uns kein wichtiges Thema. Denn wir wollen unsere Lösungen ja nicht mit anderen teilen. Schließlich verwenden wir sie - wie oben - erwähnt nur intern, oder um 3D-Anwendungen für unsere Kunden zu entwickeln.

Was ist technisch notwendig, damit AR/VR erfolgreich wird?

Beisel: Das Problem ist nicht die Technik. Das Problem ist der Mensch, die Akzeptanz der Technologie, die Usage und die Use Cases. Technik ist kein Problem. Sie ist nur ein Hilfsmittel, um etwas zu erreichen. Aber solange kein User einen Nutzen hat oder ein eindeutiger Firmennutzen im Sinne eines ROI vorhanden ist, kann AR/VR nicht erfolgreich werden.

Hofmeister: Die Budgets sind sehr eng geschnürt. Es ist ein sehr kompetitiver Markt. Sobald Design wichtig ist, sind wir im Spiel. Geht es um Procurement, ist das wiederum eine andere Frage. Ob unsere Kunden jetzt bereit sind, für AR/VR mehr zu zahlen, hängt von der individuellen Situation der Unternehmen ab. Da wird sich dann die digitale Spreu beim AR/VR trennen. Wir werden es anbieten, aber es muss ein Use Case dahinter sein.

..und wenn es zu technologischen Sprüngen kommt?

Beisel: Auch, wenn ein SmartGlass 2 Tage durchhalten würde. Der Use Case muss stimmen!

Hofmeister: Ich sag nur Pokémon Go …Keiner konnte diesen Erfolg erahnen…und „boom" ist der Hype da. Davor hat niemand über AR gesprochen oder wusste eigentlich, was sich dahinter verbirgt. Nachdem Pokémon Go diesen gewaltigen Erfolg hatte, sprach die ganze Welt plötzlich über AR. Solche Erfolge können ein solches Thema extrem beschleunigen. Und auf einmal haben wir einen echten Hype.

Außerdem muss AR nicht zwangsläufig an eine Brille gebunden sein. Die Beispiele mit dem Stadtführer oder dem Museum sind genauso mit einem Smartphone denkbar. Dies könnte auch eine Art Königsweg sein, um AR-Brillen auf die Erfolgsspur zu bringen, denn Smartphones gibt es milliardenfach. Ein SmartGlass erweitert dann als Display diese Funktionalität. Deshalb ist es sehr wahrscheinlich, dass SmartGlasses oder Over Head Displays Bereiche wie das „cognitive learning", das Lernen mit allen Sinnen bereichern wird. Ebenso wird die virtuelle Teilnahme an Events bald ein großes Thema.

Penzo: Wenn dann noch die Miniaturisierung dazu kommt, wird aus einem SmartGlass etwas ganz gewöhnliches. Zeiss ist mit seiner Lösung schon ziemlich nah, denn deren Brille sieht einfach aus wie eine Brille.

Hofmeister: Ja, das ist sehr wichtig, denn die Zeiss Lösung lässt einen nicht so cyborgmäßig durch die Gegend laufen. Kommt dann noch ein technologischer Quantensprung in einer Schlüsseltechnologie dazu, dann wird sich AR enorm schnell verbreiten. Wie zum Beispiel aktuell mit der HoloLens.

Wie sieht die AR Welt in 5, in 10 oder in 15 Jahren aus?

Beisel: AR wird kommen. Wie es aussehen dann aussehen wird und wann…. Das ist Kaffeesatzleserei … Das Wesen eines Technologiesprungs ist es, neue Szenarien zu ermöglichen, aber nicht, sie zu kreieren. Aber persönlich würde ich sagen, in etwa 7 Jahren könnte AR Bestandteil des alltäglichen Umfelds sein. Dann fällt keiner mehr in der Öffentlichkeit mit einer solchen Brille auf.

Penzo: Vielleicht werden solche Brillen noch nicht so sehr auf der Straße zu sehen sein oder eingesetzt, sondern eher im Büro und im Designstudio. Im Einsatz als kaum noch wahrgenommener Alltagsgegenstand würde ich den Zeitrahmen noch größer ansetzen. Jedenfalls, der Weg zur gewohnheitsgemäßen, selbstverständlichen Benutzung von AR wird über die VR kommen, über die sie mehr und mehr gesellschaftlich salonfähig wird.

Hofmeister: Wo es schneller gehen könnte, ist der Bereich Telemedizin und ebenso Automotive, hier gibt es erhebliche Fortschritte bei Technologie-Erweiterungen, bei Windschutzscheiben, die wohl sehr bald AR fähig sein werden.

Beisel: Um es auf den Punkt zu bringen. AR gibt es in verschiedenen Szenarien schon seit einigen Jahren, wie der Telemedizin oder bei Head-up Displays im Auto. Im Kern geht es darum: Expertenwissen geographisch unabhängig zu machen. Im Falle der Telemedizin ist dies zusätzlich noch eine Art Risk Management. Denn schließlich wird das Operationsrisiko durch die virtuelle Beteiligung der Spezialisten und dem damit verbundenen verbesserten „Flow of Information" reduziert.

Hofmeister: Offensichtlich ist die Zeit reif, die bestehenden AR Technologien miteinander zu verheiraten und Standards zu definieren. Das, was möglicherweise jetzt im Augenblick mit Microsofts HoloLens angestoßen wird, kann den entscheidenden Schub auslösen – aber immer in einer vertikalen Anwendung.

Meine Herren, wir danken Ihnen für dieses Interview

Altius Institute (www.altius.org):
: Für das Altius Institute, einem der führenden Genom Forschungsinstitute der Welt, übernahm frog die Gestaltung der Arbeitsplätze und der Labore. Dafür entwarf frog Prozess-Abläufe und Werkzeuge, die dem Altius Institute helfen sollen, die Wissenschaft neu zu erfinden. Dazu entwickelte frog einen virtuellen Rundgang, mit dem Wissenschaftler ihre zukünftige Laborumgebung erkunden und erleben können.

Rambus (https://www.rambus.com/emerging-solutions/lensless-smart-sensors/):
: Basierend auf dem neuen „Lensless Smart Sensor", einem „Flat-Camera" Sensor von Rambus entwickelte frog den Prototype eines „Eye-Tracking"- Sensors. Eine Flat-Camera realisiert das Konzept einer Lockkamera auf der Sensor-Chip-Ebene. Diese Studie ist technisch schon so fortgeschritten, dass der Sensor in ein bestehendes Brillengestell eingebaut werden konnte und dort die Augen- und Pupillen-Bewegungen misst. Rambus hat frog deshalb beauftragt, einen Film zu machen, der die Marktchancen dieser Zukunftsvision zeigt.

Ikea:
AR APP Ikea Place (http://www.ikea-unternehmensblog.de/article/2017/ikea-place-app):
: In einer technologischen Partnerschaft mit Apple entwarf und baute frog für Ikea eine mobile Augmented Reality App, die den Kunden des schwedischen Möbelhauses eine neuartige, virtuelle Möbelerfahrung in den eigenen vier Wänden erlaubt. Dieses einzigartige AR-Erlebnis war eines der ersten „Third-Party" Projekte, bei der Apples neue ARKit Augmented Reality Engine für mobile Anwendungen eingesetzt wurde. Erstmalig wurde die App auf der Apple Worldwide Developers Conference (WWDC) 2017 in San Jose vorgestellt

frog VR CARE:
: frog entwarf und entwickelte ein Niedrigpreis VR Headset für das Preissegment unter 10 Dollar. Ziel war es, zum Beispiel Opfer schwerer Verbrennungen während ihrer medizinischen Behandlung mittels virtueller Erlebnisse und Spiele von ihren schweren Schmerzen abzulenken. Das Headset wurde von frog anschließend in ein Open Source Projekt umgewandelt, um möglichst vielen Anwendern virtuelle Erfahrungen zu ermöglichen und die weitere Entwicklung dieser Technologie voranzutreiben.

*Interview mit Lars Blanz (LB),
Brother Produktverantwortlicher Airscouter HMD*

Was war der Grund dafür, dass Brother im Jahr 2011/12 den Airscouter auf den Markt gebracht hat?

Zum einen war das Modell aus dem Jahr 2011 so etwas wie ein Pilot. Wir wollten herausfinden, welche Anforderungen allgemein am Markt bestehen und das direkte Feedback des Anwenders haben. Brother ist immer sehr interessiert an Innovationen und neuen Märkten. AR wurde damals schon als ein spannender Zukunftsmarkt mit großem Potenzial identifiziert.

Welche wirtschaftliche Bedeutung sieht Brother im Airscouter? Im Augenblick ist die Marktbedeutung von AR allgemein noch relativ gering.

Ganz richtig. Im Augenblick ist der Markt noch nicht so groß, entwickelt sich aber rasant. Wir bei Brother sehen die neue Technologie jedoch schon auf einem guten Weg. Konkret sahen wir den Airscouter bei seinem Launch zunächst als einen Piloten. Durch den Prototypen aus dem Jahr 2011 kamen wir so schon mit vielen interessanten Unternehmen ins Gespräch. Als wir 2016, also fünf Jahre später, die zweite Version auf den Markt brachten, war die Resonanz schon viel größer und die Erfahrungen unserer Kunden schon vielfältiger. Mit dem zweiten Modell konnten wir auf die Bekanntheit und den zahlreichen Tests bei ihnen aufbauen.

Wenn man im Internet, und hier besonders auf Youtube sucht, dann findet man zum Beispiel Panasonic (Kühlgeräte) und Kongsberg (Maritime Fernwartung und –Service). Was sind die Kernmärkte?

Unsere primären Fokusmärkte liegen im industriellen Bereich bei der Montage-Unterstützung wie man im Video von Panasonic sehr gut sehen kann. Hier sind es vor allem die Laufwege, die durch den AiRScouter optimiert, oder besser, reduziert werden. Bis zum Einsatz der Datenbrille mussten die Mitarbeiter bei jedem neuen Montagestück -— und die können bei den Kühlgeräten ziemlich groß sein – immer einen Gegencheck am Tablet oder PC machen und dabei unter Umständen um das Montagestück herumlaufen. Das hat viel Zeit gekostet, die mit unserem Head-Mounted Display wegfällt.

Solche Abläufe finden sich auch bei anderen Herstellern in der Montage. Hier werden die Vorteile des AiRScouters im wahrsten Sinne des Wortes gleich sichtbar.

Schaut man sich andere Beispiele rund um den Airscouter an, wie die Drohnen- oder Kamerasteuerung; , dann wird hier eher der „Semi-Professionelle Anwender" angesprochen. Ist es denn auch geplant, den „Enduser" für den Airscouter zu gewinnen?

Neben dem industriellen Bereich liegt unser Fokus auch auf diesen Märkten. Der Drohnenmarkt ist hochspannend für uns, weil er ein großes Potential birgt und der AiRScouter ohne Middleware schnell und einfach zum Einsatz kommt. Genauso ist Kamera-Broadcasting sehr interessant für uns. Generell kann man sagen, dass wir überall dort einen Markt sehen, wo man visuelle Informationen benötigt. Das kann jetzt zum Beispiel im Bereich des 3D-Scannens sein, im mobilen Sektor. Das sah in der Regel so aus: Das Tablet in der einen Hand und in der anderen Hand den Scanner. Durch den AiRScouter habe ich jetzt eine Hand zusätzlich frei. Oder auch im weitesten Sinne im Bereich Medizin beim mobilen Röntgen. Ich spreche hier von Veterinär-Medizin. Eine tierärztliche Untersuchung ist für beinahe jedes Tier neben seiner eventuellen Verletzung oder Erkrankung ein enormer Stress. Mit dem Airscouter kann sich der Tierarzt zum Beispiel einem verletzten Pferd nähern und sich die bestehende Aufnahme über die Brille auf die verletzte Stelle des Tieres projizieren lassen. Das ist eine gewaltige Erleichterung, da Laufwege um das Tier herum minimiert werden.

Wie muss man sich das vorstellen?

Gehen wir davon aus, dass die Röntgenaufnahmen bereits gemacht wurden. Für die Bildübertragung braucht der Veterinär nur einen PC und eine Funkverbindung zum Airscouter (wie im Youtube-Beispiel bei der Drohnensteuerung): Mehr ist es nicht - Einfach Plug `n Play über den HDMI Anschluss.

Zurück zu den industriellen Anwendungen. Gibt es bereits offizielle Zahlen, inwieweit sich zum Beispiel die Produktivität verbessert hat?

Für offizielle Zahlen ist es noch ein bisschen zu früh. Aber vieles deutet darauf hin, dass sich die Effizienz um bis zu 20 Prozent verbessern konnte. Wir warten noch auf abschließende Zahlen.

Das Potential jedenfalls ist insgesamt riesig. Wenn ich die Zahlen grob zusammenfasse, die auf Studien von KPMG, Fraunhofer oder Deloitte basieren, dann könnte der kumulierte Umsatz von Soft- und Hardware für AR/VR im Jahr 2018 auf bis zu 93 Milliarden Dollar steigen. Außerdem könnten bis Mitte 2020 die Anwenderzahlen auf 350 Millionen User ansteigen.

Kommen wir noch einmal auf Ihre industriellen Kunden zurück. Womit konnte Brother sie letzten Endes überzeugen?

Unsere Kunden kommen zumeist direkt auf uns zu und wir starten dann einen Piloten mit ihnen. Regelmäßig veranstalten wir von Brother sehr erfolgreich Webinare, die unter Einbezug schon bestehender Anwendungen bestimmte Features des AiRScouters vorstellen. Viele Fragen können so schon im Vorfeld einer Teststellung geklärt werden. Dennoch, die Erwartungshaltung der Kunden ist oft sehr groß und nicht immer realitätsnah. In enger Abstimmung mit ihnen erarbeiten wir dann ein Usability-Szenario, das ihr Anforderungsprofil mit dem Leistungsumfang des AiRScouters zur Deckung bringt.

Aktuell kommen unsere Hauptkunden aus den Bereichen Medizin, Veterinärmedizin, Drohnen, Produktion und Montage.

Was bei der Industrie den Ausschlag zugunsten des Airscouters gibt, ist einmal das Design. Denn der Airscouter ist ein typisches „Head mounted Display", das auf die Brille oder auf einem Gestell angebracht wird. Das bedeutet für den User, dass er seine Hände frei hat. Er kann sich voll auf die Umgebung konzentrieren und blickt bei Bedarf in unser Display - ein wesentlicher Sicherheitsaspekt!

Dazu kommt zum anderen noch die hohe Auflösung von 720 p und, möglicherweise überraschend, dass unser HMD ohne ein Betriebssystem auskommt. Auf den ersten Blick mag dies als ein Nachteil erscheinen, aber aus Compliance Gründen können andere HMDs oder Datenbrillen mit einem OS System gegen IT Richtlinien der Unternehmen verstoßen. Gerade dieser Punkt macht den AiRScouter im industriellen Umfeld für große Unternehmen besonders attraktiv. Es ist ein reines Ausgabegerät - ohne Kamera. Auch das ist ein weiterer Vorteil, denn wir erfüllen damit die Anforderungen des Datenschutzes. Doch eines darf man nicht vergessen: Den Sicherheitsaspekt! Weil der AiRScouter ein reines Ausgabegerät, ein Display ist. Dadurch ist ein Angriff auf Daten und ihre Manipulation kaum möglich. Unsere Partner können durch diesen technischen Aspekt des AiRScouters viel leichter und mit weniger Aufwand an ihre technologischen Anforderungen anpassen. Ein Vorteil, den viele Berater wie auch wissenschaftliche Einrichtungen sehen.

Das macht den AiRScouter zu einem höchst mobilen Display, das auch im weitesten Sinne für das Entertainment interessant sein könnte. Wie sieht Brother das?

Das stimmt. Brother setzt in Japan hier auch bei Broadcasting einen Schwerpunkt. Sportveranstaltungen mit mehreren Kameras müssen koordiniert werden. Ein Fernsehregisseur kann sich mit dem AiRScouter von einem zentralen Punkt aus alle Kameras eines Fußballspiels direkt in seinem Display zeigen lassen und sie gegebenenfalls auch steuern. Ein Kameramann profitiert mit dem AiRScouter als Viewfinder. So kann das gefilmte Bild und gleichzeitig die Umgebung im Blick behalten werden. Speziell bei Aufnahmen mit Gimbal oder Steadycam verhilft das zu beindruckenden Bildern und hebt die Qualität der Aufnahme auf ein neues Level.

In Kürze wird ein neues Modell des AiRScouter auf den Markt kommen. Was können Sie dazu bereits jetzt sagen?

Das aktuelle Modell ist bereits eine „super Lösung" und alltagstauglich. Wir wollten aber etwas noch Besseres liefern und haben die neue WD-300-Serie entwickelt. Das bedeutet, dass es drei verschiede Modellvariationen geben wird, wobei die Modelle sich nur in der Steuerbox unterscheiden werden. Es wird u.a. extra ein Modell mit SDI-Schnittstelle geben, die gezielt im Bereich des Broadcasting und der Kinematographie genutzt werden soll. Wichtigste Neuerung zum aktuellen Modell ist, dass wir die Spiegeleinheit durch eine „Direct Viewing"-Einheit ersetzt haben, mit der der User nun direkt auf den LCD Screen schaut. Das macht die Positionierung des Displays noch einfacher. In Kombination mit der Fokusjustierung auf Umgebung haben wir nun ein System, das mögliche Akkomodationsprobleme erheblich reduziert. Der User kann ohne ständiges Neufokussieren vom Display zu seiner Umgebung wechseln. Die Anzeige des HMDs wird mit dem Umfeld quasi auf eine Ebene gebracht. Der Einstellungsbereich für den Fokus wird zwischen 0,30 Meter bis Unendlich reichen. Das deckt sowohl industrielle Anwendungen ab, wie auch unseren Sales-Schwerpunkt im Bereich der Drohnen und dem Kamerasupport.

Auch eine IP54 Schutzklassifizierung ist bei der kommenden Serie neu. Jetzt kann der AiRScouter auch bei rauen Umweltbedingungen ohne Probleme genutzt werden.

Der hohe Preis wird oft als Kaufhemmnis sowohl für reine virtuelle wie auch für AR-HMDs genannt. Wie steht Brother dazu?

Wenn man den Preis für solche Geräte mit dem Mehrwert, der dadurch entsteht, vergleicht, ist der Preis alles andere als hoch. Wenn man jetzt den AiRScouter mit Mitbewerbern vergleicht, dann ist es oft so, dass deren HMDs mit einem Betriebssystem ausgeliefert werden. In diesem Fall muss es von eigenen oder dritten Programmierern angepasst werden beziehungsweise es müssen Apps geschrieben werden. Das ist bei uns nicht der Fall. Der AiRScouter wird von der Industrie von vornherein individuell auf die Anwendung abgestimmt. Für uns ist es daher egal, welches Betriebssystem vorne dransitzt. Wir verarbeiten über die HDMI Schnittstelle alle. Stichwort Anschaffungskosten: Vergleicht man die Preise für ein System insgesamt, dann liegen wir mit den Mitbewerbern ungefähr auf gleichem Niveau.

Welche Bedeutung für die Entwicklung aller AR Systeme würden Sie einem einheitlichen AR Ökosystem geben?

Das könnte wichtig sein, ist aber für uns nicht relevant. Vor einigen Monaten hatten wir einen Developer-Wettbewerb ausgelobt. Damit wollten wir Programmierer auf die Möglichkeiten unseres Systems aufmerksam machen und sie außerdem motivieren, neue Use-Cases für den AiRScouter zu entwickeln. Das war auch sehr erfolgreich. Wir hatten Teilnehmer dabei, die beispielsweise Applikationen für den Einsatz in der Gastronomie, des Sports oder der Industrie entwickelt haben. Letztendlich konnte sich ein junges Start-Up mit einer Navigationsapp für Piloten von Kleinflugzeugen durchsetzen.

Wenn ich hier beim Thema Ökosystem noch etwas anfügen darf: Je mehr Software in einem System steckt, desto anfälliger wird es für Hacker-Angriffe oder Viren-Attacken. Da unsere Kunden den AiRScouter sowieso an ihre proprietären Systeme anpassen wollen, werden nur Bilddaten übertragen. Selbst bei einer Funkübertragung müsste sich dann ein Hacker sehr nahe an unserem Device befinden, um es zu manipulieren. Dazu müsste er aber auch in Echtzeit bei einer verschlüsselten Übertragung in den Datenstrom eingreifen.

Das ist neben dem ergonomischen Aspekt einer der wesentlichen Gründe, warum die Industrie an unserem AiRScouter interessiert ist. Sicherheit ist das A und O für die Industrie.

Welche Auflösung wird der neue AiRScouter haben? Und wie lange hält die Batterie in etwa durch?

Wie bereits das aktuelle Modell, beträgt die Auflösung 1280 * 720p. Dazu kommt, dass wir verschiedene Lichtsituationen simulieren können - ganz nach dem Bedarf des Users. In geschlossenen, vielleicht dunkleren Räumen kann der AiRScouter die Helligkeit reduzieren, bei einem Drohnenflug an einem sonnigen Tag muss eventuell die Leuchtkraft erhöht werden, weil sonst das Bild durch die Sonne überblendet wird.

Die Batterieleistung reicht für die Brille etwa vier Stunden. Sie kann aber über USB und eine externe Powerbank beliebig verlängert werden. Eine der drei Variationen der neuen Serie wird ganz ohne integrierten Akku auskommen und ist ausschließlich über eine Powerbank zu betreiben. So können wir einen Leistungspunkt setzen, an dem sich der Wettbewerb orientieren kann und muss.

Herr Blanz, wir danken Ihnen für dieses Interview

Abkürzungen

AR	Augmented Reality
ARVIKA	Augmented Reality in Entwicklung, Produktion und Service
BMW	Bayrische Motoren Werke
BIM	Building Information Modeling
CAS	Computer Aided Surgery (Computerunterstützte Operationstechniken
CNC	Computerized Numeric Control (computergestützte Steuerung von Werkzeugmaschinen)
CPS	Cyber-Physisches-System
CAD	Computer Aided Design
CRM	Customer Relation Management
CeBIT	Centrum der Büro- und Informationstechnik
DACH	Deutschland (D), Austria (A), Schweiz (CH)
EU	Europäische Union
ERP	Enterprise Resource Planing
Eib	Europäischer Installations Bus (Europ. Standard Sensoren und Aktoren Protokoll
edx	Massive Open Online Courses des MIT; Harvard und der Stanford University
EVELyn	Projekt Angststörungen durch ambulante Therapie an der Hochschule Heilbronn zu Therapieren
EUBIM	Europ. Building Information Modelling (Vereinigung, die BIM für die Vergabe öffentlicher Aufträge befördern möchte)
F&E	Forschung und Entwicklung
FTP	File Transfer Protokol
FullHD	Bildschirmauflösung: 1.920 x 1.080
FoV	Field of View (Sichtbare Bildausschnitt in einer AR-Brille
GPS	Global Positioning System
GSM	Global System for mobile communication

GenZ	Generation Z (oder digital Natives - Menschen, die komplett mit digitalen Medien aufgewachsen sind)
GPU	graphic processing unit (Grafikprozessor)
HMD	Head Mounted Display
HTC	High Tech Computer (Taiw. Computer und SmartPhone Hersteller
IT	Information Technology
IoT	Internet of Things (Smarte Einheiten, wie Uhren, Sensoren, Aktoren, Thermostate)Fraunhofen IPM Fraunhofer Institut für physikalische Messtechnik
IPv6	Internet Protocol version 6 (vergrößert die Anzahl der Internet Adressen auf 340 Sextillionen!)
Fraunhofer IPA	Fraunhofer Institut für Produktionstechnik und Automatisierung
KPS	SHD -Kreative Planungssysteme GmbH
KI	Künstliche Intelligenz (engl. AI; artificial Intelligence)
LKW	Last Kraft Wagen
LTE	Long Term Evolution (Mobiler Standard der vierten Generation, der UMTS (3. Generation) ablöste
LiMic	Low-Income Middle-Income Countries
LVS	Lager-Verwaltungs-System
MR	Mixed Reality (Microsofts System einer erweiterten Realität z.B. mit dem Hololens Head Up Display (HMD))
MES	Manufacturing Execution System (Produktionssteuerung)
MRT	Magnet Resonanz Tomograph
MBA	Master of Business Administration
MIT	Massachussets Institute of Technology
NBA	National Basketball Association (US Basketball Profi Liga)
OS	Operating System (Betriebssystem)
OSVR	OSVR - Open-Source Virtual Reality for Gaming

PKW		Personen Kraft Wagen
PC		Personal Computer
PDF		Portable Document Format (Standardformat von Adobe)
QR (-Code)		Quick Response Code
SDK		Software Development Kit (Programmier Tools für bestimmte Software Programme)
SHD		SHD -Kreative Planungssysteme GmbH
SMI		SensoMotoric Instrument GmbH (dt. Firma für Eyetracking)
TED		Technology, Entertainment and Design (Konferenz-Veranstaltung zu verschiedenen Themen mit interessanten Persönlichkeiten)
UV (-Licht)		Ultra-Violettes Licht (Licht < 380nm)
USB		Universal Serial Bus (Universelle Schnittstelle für Datenaustausch)
UNO		United Nations Organization
UnityLab		Institut an der Hochschule Heilbronn: Usability & Interaction Technology Laboratory (Beschäftigt sich mit Angststörungen)
USP		Unique Selling Proposition (einzigartiger Kaufanreiz; Alleinstellungsmerkmal)
VR		virtual Reality
VDE		Verband der Elektrotechnik, Elektronik und Informationstechnik
VDI		Verein Deutscher Ingenieure
WLAN		Wireless Local Area Network (Lokales Funknetz für Internet)
WYSiWYG		„What you see is what you get" (eigentlich bezeichnet es, das Layout einer Text- oder Magazin-Seite, die beim Druck 1:1 dem Layout des PC Monitors entspricht)
ZDH		Zentralverband des deutschen Handwerks
4G		entspricht LTE (mobiler Nachfolge Standard von UMTS
5G		Nachfolge Standard von 4G
3D		dreidimensionale Darstellung (räumliche Darstellung)
2D		zweidimensionale Darstellung (Papierskizze mit Höhen- und Breitenachse)